発達障害住環境サポーター養成講座
〈基礎研修〉公式テキスト

わくわくな未来をつくる

発達障害と環境デザイン

編

特定非営利活動法人
暮らしデザイン研究所

かもがわ出版

はじめに

　いつしか、ゆるやかに時が流れた昭和は昔となり、物質的にも情報も手に負えないくらいの量で溢れかえる時代となりました。

　そんな時に私が出会った「整理収納」という仕事の、「本質を捉える」というたった一つのフレーズに確信を得て、当時はまだ知られていなかったこの世界に足を踏み入れました。

　京都という土地に移住した身で、この日本の伝統文化を背に整理収納を考えるとき、私はいつも京都の土地に代々受け継がれる精神性を重ねます。

　茶道の無駄を省いた所作のなかに見出される美しさ。

　精神的な距離感の狭い京都の街で暮らしてゆくための、人への距離感の測り方とコミュニケーションの知恵。全てはこの時代にあっても不思議と受け継がれ、若い世代にも息づいています。

　私の母は今でいうADHDで、片づけられないという一面を持っていました。

　片づけられない、住まいの環境が整えられない、このことがどれだけ多くの生活困難に繋がるか、私はそのような母のもとで生まれた時から身を以て経験してきました。

　残念ながら、医療現場でも福祉現場でも、物理的環境の改善に真剣に取り組んでいるところは少ないのが現状です。

　その理由は、環境の整備にもっとも関わりのあるメンタルヘルスの専門家自身がその影響の大きさに気がついていないケースと、気づいていても、方法と選択肢を知らないという2つのケースに分かれます。

　この手順は難しいものではありません。

　至極、シンプルなものです。

　ただ、困難を伴うのは、サポートする側の姿勢。

　どこを目指すのか、誰のための何のためのサポートなのか。

　この方針が明確でなければ、それは物理的な環境整備には至りません。

　そしてまた、こうしたことを可能にするには、現場でサポートにあたる支援者自身がまず自分自身と向き合い、自己受容を深めて成長することが欠かせません。

　本書では、こうした生きづらさを抱える人たちの生活支援による幸福感の向上を目指して、医療・福祉従事者や当事者家族の皆さんの一助となれば幸いです。

　2017年10月

　　　　　　　　　特定非営利活動法人暮らしデザイン研究所理事長・森下真紀

目 次

1 整理収納支援はなぜ必要か

1. 発達障害を取り巻く時代背景

　現代のモノや情報があふれた生活のなかでは、身の回りにおいても管理すべき物事が溢れ、一般家庭でもそれに対応しきれない事例が増えてきています。

　このようなことが心理的ストレスとなり、家庭内や社会におけるコミュニケーションに問題を抱える一因ともなっています。

　心身に障害のない方の家庭でもこのような状況にある事を考えると、脳の特性により片づけが苦手といわれる発達障害者や、身体に障害のある人にとっては、この「モノ」や物を入れる「収納」の形状、またはその配置を見直すことが、より大きな生活改善へと繋がります。

　私たち暮らしデザイン研究所では、こうした社会背景に対して整理収納のノウハウを活かして、一家庭にとどまらない社会全体で支え合う仕組みづくりを目指して活動しています。

図1-1　発達障害を取り巻く3つの時代背景

① 社会的背景

　昭和の高度成長期から始まった大量生産大量消費の「高度消費社会」や、モノを個人で所有する個人主義の考えの広まりにより、物品共有意識が喪失していきました。その結果として、現在では個人が多くのモノを所有するに至っています。

② 地域コミュニティの希薄化

かつては地域でひとつであった電話やテレビも、すでに家庭に1台から1人に1台になって久しくなります。当時は日常風景であった、隣近所の間での味噌の貸し借りなども見なくなり、地域コミュニティの希薄化が進みました。

③ 家庭での課題

子どものしつけに関しても、核家族化により多忙な保護者に変わって「片づけ」を伝えてきた祖父母の世代との接点も希薄となり、基本的な生活習慣の未習得が生じています。旧来は親が片づけをできなくても、祖父母や隣近所の大人が地域の子ども達に教えあう習慣が地域コミュニティにはありました。

2. 発達障害住環境サポーターとは

社会生活に様々な困難を抱えた発達障害者やその周辺のグレーゾーンの人たちの住環境整備を支援するには、一般的なモノや空間に対する整理収納だけでなく、時間や情報の整理までをも含めた支援が必要不可欠です。

そのため、見た目のキレイさの重視ではなく、ストレス軽減を目的としながらも、対象者が自分の周りの環境を整えることで成功体験を積み、そこから自己肯定感につながるサポートを目指した人材育成をしています。

しかし実際には、モノで溢れかえった自宅にサポーターが入ることは、様々な困難を抱える人にとって、ハードルが高いのが実情です。そのため私たちは、積極的な啓発活動を通して行政や障害福祉サービス事業所とも連携し、講演やセミナー、イベントでのブース出展なども行いながら、広く社会に向けて発信をしています。

◎ 発達障害住環境サポーターの果たす役割

学齢期の児童のうち、こうした特性のある発達障害児の割合は年々増え続け、現在では5〜10%（平成25年度）となっています。このことから、大人の発達障害者の現状も推測すると、20人の職場で少なくとも1名がコミュニケーションに困難を感じ、グレーゾーンにあたる5名ほどはストレスを抱えやすい傾向にあると言えます。

暮らしデザイン研究所が当事者を対象に実施した日常生活で「モノと時間の管理で困ること」に関するアンケートの結果でも、「物事の優先順位」が決められない、「時間の管理」が苦手、といった回答が上位を占めています。

課題を持ちながらの生活や就業はストレスの負荷が大きいため、せっかく就業してもミ

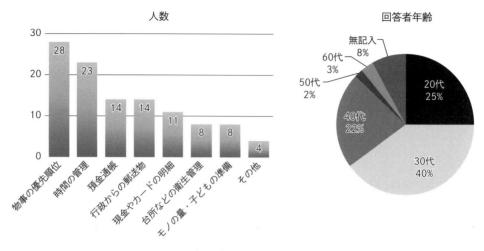

図1-2　物と時間の管理で困ること

スが多く、転職を繰り返してしまいます。本人の努力だけでなく周りからの適切なサポートが必要です。日常の生活の場である家庭や職場の環境整備を適切に実施することが、大きなストレス軽減につながります。

①　社会への働きかけ

発達障害者の幸福感向上を目指し、セミナーや研修、講演会などにおける講師活動、地域イベントへのブース出展などを通して、広く啓発活動を行っています。

身近な友人知人への発達障害の特性や住環境整備についての啓発も大切な活動です。

講演活動の実施内容としては、発達障害のある人の当事者会や家族会での勉強会、イベントでの講演や発達障害住環境サポーター養成講座の開催があります。

また、近年では医療や福祉に関連する公的機関からも講演依頼が続き、関心の高まりを実感しています。

②　地域連携

地域の活動団体などが参加している地域ネットワークとの連携を行います。また、行政の助成金制度の活用や各種研修での講師活動による広報活動、大学生の学外実習の受け入れなども行い、将来の支援者育成を目指します。

地域の小・中・高等学校との連携を行うことにより、教職員やPTAの研修会で講演を行い、発達障害児の支援者へ住環境整備の大切さを啓発しています。

行政、事業所においては平成28年度より合理的配慮における環境整備として「障害者差別解消法」が義務化されたため、発達障害のある方の雇用を実施、または検討している企業に向けた職場の環境整備に関する講演や研修の提案なども行っています。

③ 家庭への支援

　障害福祉サービスや整理収納事業者による支援が必要な家庭からの整理収納への相談に対応し、ストレスを軽減する住環境整備の提案やサポートをします。

　発達障害住環境サポーター養成講座では、「幸福感向上」を目的に大人の発達障害において大きな課題となる「就業」とその定着を目指して、幅広い年齢層の当事者や家族を取り巻く実情を知り、環境整備についての「合理的配慮」を行うために必要な視点とアプローチを学びます。より質の高い、地域社会から必要とされる支援を実現できるように、活動のネットワークづくり、知識や技術の習得、国の障害者総合支援法や自治体の支援制度について、常に新しい情報を得ておくことが重要です。

発達障害者の幸福感向上をサポート

社会
啓発活動
講師
ブース出展

地域
地域ネットワーク
との連携

家庭
ストレス軽減
住環境整備の提案
相談対応

図1-3　発達障害住環境サポーターとしての役割

2 発達障害の基礎知識

1. 発達障害とは

　近年、マスメディアで大々的に報道されるようになり、誰もが「発達障害」という言葉を一度は聞いたことがあると思います。

　しかし、「障害」という言葉で括られ、「それは一体どんなものなのか？」「どんなに大変なものなのか……」と、実態が良くわからないという人も多いのが現状ではないでしょうか。

　発達障害は一見普通に見える場合が多く、「どこが障害なのかよくわからない」というケースがほとんどです。しかし、日常的に多くの時間を当事者と過ごしている

と、「ちょっと変わった」「ちょっと困った」言動が見られます。その原因は、脳の機能障害にあるとされています。

　具体的には、中枢神経（脳）の発育・発達が、何らかの理由により、遺伝、妊娠中・出生時の異常、乳幼児期の病気などにより生まれつき、または乳幼児期に損なわれ、言葉、社会性、協調運動、基本的な生活習慣、感情や情緒のコントロールなどの発達が、アンバランスになるために起こること考えられています。

　ごく大雑把にいえば、脳機能の発達の凹凸（偏り）が原因であり、一次的には家庭環境や本人の性格などは関係ありません。あくまで本質的な原因は脳であり、心の問題ではないのです。

◎ 発達障害の概要

　発達障害には大きく分けて、３つの種類があります。

・自閉スペクトラム症（ASD）　　対人スキルや社会性に問題がある
・注意欠如・多動症（ADHD）　　落ち着きに欠けて衝動的である
・限局性学習症（LD）　　　　　　読み書きや計算など特定分野の習得が困難である

　これらを総称して、「発達障害」と呼んでいます。どれか１つの障害だけという例は珍

しく、大抵２〜３種類の特性を、程度の差こそあれ併せ持っています。

「障害」という言葉だけが先行し、理解が伴わないと、かえって発達障害当事者やその家族などを苦しめることにもなりかねません。適切なケアとサポートを行うには、周囲の正しい理解と協力が不可欠です。

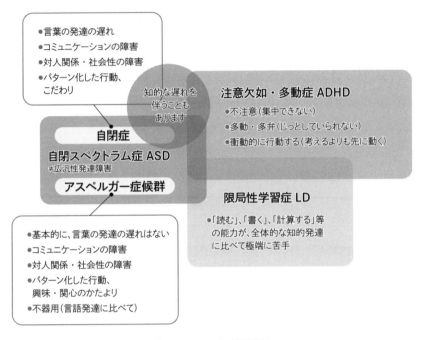

図2-1　3つの発達障害

2.　自閉スペクトラム症（ASD）

自閉スペクトラム症（ASD）は多くの遺伝的な要因が複雑に関与して起こる生まれつきの脳機能障害で、性別では男性に多く、女性の約４倍の発生頻度です。以前は、自閉症、広汎性発達障害、アスペルガー症候群などの診断名で知られていましたが、本書では連続したもの（スペクトラム）という観点で「自閉スペクトラム症（ASD）」として、取り上げていきます。

① 優れた点

(1) 狭い領域に深い興味を持つ

ASD特有の傾向として、最も重要なのは、限られた領域に非常に深い興味・関心をもち、それに熱中するということです。固執性に加えて、相互応答性の乏しさも、周囲に煩わされることなく、自分の関心に没頭できるという長所になります。

ASDのある人は、何かに没頭したとき、ずば抜けた集中力を発揮します。時間を忘れ

るほど打ち込み、ある分野に限れば、既に子どもの段階で、専門家も顔負けの知識を備えていることも珍しくありません。

　実用とは無縁の知識に熱中することもあれば、自分の頭の中の空想や自分が作り出した架空の世界に夢中になることもあります。それは、そのときは役に立たなくても、将来自然科学や技術、学問、芸術などの世界で、大きく花開く下地になることもあります。実際、それらの世界で古今東西において大きな業績を上げている人は、そのほとんどがASDの特性が強いと言われています。

(2) 人より物への関心が強い

　ASDのある人は、人よりもモノに対して強い関心を示すと言われています。人に対する関心も、どこかモノに対するようなまなざしを向けるところがあります。

　すなわち、対人関係を理解するのに、自然な共感や感情によってではなく、利害や権力ゲームとしてチェスの駒の動きのように理解しようとしたりします。これは多くの人の感覚とは違うのかも知れませんが、悪いことばかりではなく、ビジネスや政治の世界などでは「情によって方向性を左右されない」という強みになります。実際、それらの世界で物事を前進させるには、人間の情に流されず、非効率なものを徹底的に効率的、合理的なものに変えていかなければなりません。

　また、ASDのある人の知りたいと思うことは、多くの人の感覚からすれば、異様かもしれませんが、解剖学者にとっては自然な衝動です。防腐剤も満足になかった時代に、死体を解剖してスケッチしたレオナルド・ダ・ヴィンチは、間違いなくASDだったとされています。そうした人物がいなければ、我々人類は、まだ石器時代を送っているかもしれませんし、医学の進歩もなかったでしょう。

(3) 秩序やルールが大好き

　ASDのある人の秩序やルールを好む傾向は、物事を整理したり分類したり、規則を作ったりすることへの熱中として現れます。細かな計画を立てたり、図面を描いたり、リストを作ったりすることに喜びを見出すのはASDの特徴です。

　雑然とした物事に、一定の秩序（パターン）を与えることに幸福と安心を覚えるのです。

　一定のルールと秩序を持った体系がシステムであり、雑然とした現象にルールと秩序を与えて、コントロールや予想をしやすくすることをシステム化といいますが、このシステム化の能力は、法律・会計学・科学・建築学・エンジニアリング・コンピュータサイエンス・音楽などの幅広い分野において必須のものであり、ASDのある人がこれらの分野で活躍する原動力となっています。

　法則を見出したり、システムを構築したり、新しい知的体系を生み出したりするのは、

まさにシステム化する能力の産物なのです。

　コンピュータやゲーム、インターネットといった世界に、ASDのある人が惹きつけられやすいのも、現実の世界より見通しが立ち、思い通りにコントロールできる醍醐味を味わえるからでしょう。これらの得意分野で技術者やクリエーターとして活躍する人も多いですが、秩序やルールを愛し、システム化する能力に優れている特性と見事にマッチしているからでしょう。

⑷ **細部にこだわり、優れた記憶力を持つ**

　ASDのある人は、多くの人があまり関心を示さないような特定のものに、深い興味を示すことが一般的です。多くの人々には同じようにしか見えないものも、細かな違いを見落とさず、そこを手掛かりにすることによって、膨大な種類を区別し、分類することが可能になります。こうした特性が、新たな発見をもたらす土台になることはいうまでもありません。わずかな形態や特性といった違いが、ASDのある人の目にははっきりと感じられるのです。

　ASDのある人は、自分の関心のあるものには並外れた記憶力を示すことが稀ではありません。フォトグラフィック・メモリー（写真眼）と呼ばれるように、一目見ただけで映像として記憶してしまう人もいれば、絶対音感があって、一度聴いただけで何十曲も記憶してしまう人もいます。

　細部へのこだわりという特性は、先ほど述べた、システム化する能力と一見、相反するように思えますが、実は不可欠なものなのです。「神は細部に宿る」といいますが、偉大な真実は、小さな違いにこそ姿を現しているものであり、それを見逃さないことが、優れたシステム化にもつながるのです。

　昆虫や鉄道の些細な違いが分かるからこそ、ネーミングや分類が可能になり、高度な秩序を持った世界として正確に理解することが出来るのです。どれも同じ「虫」や「機関車」に見えるなら、システム化することは不可能です。

② **症状**

◎ **ウイングの三つ組**

　イギリスの精神科医だったローナ・ウィング氏が、娘が自閉症だったことから発達障害の研究を行い、自閉症の代表的な３つの特徴をあげました。これを「ウイングの三つ組（み ぐみ）」と呼びます。

ウイングの三つ組

コミュニケーションの障害

想像力の障害

社会性の障害

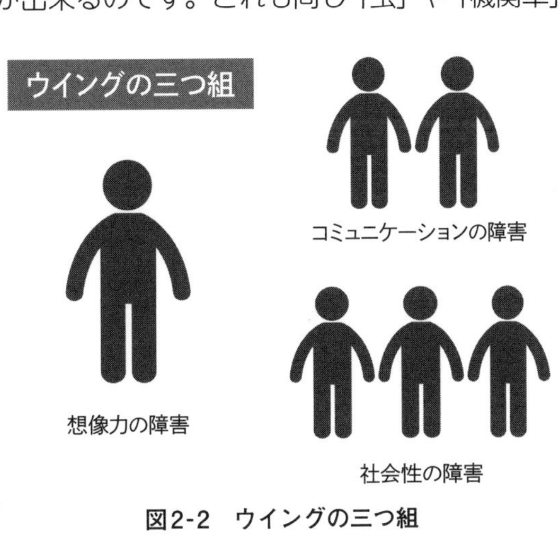

図2-2　ウイングの三つ組

自閉スペクトラム症（ASD）の特徴は、3つの症状群からなります。それらを「ウイングの三つ組」と専門的にはいいますが、具体的には、

　(1)想像力の障害

　(2)コミュニケーションの障害

　(3)社会性の障害

と呼ばれるものです。

　以下、それらについて詳しく述べたいと思います。

(1) 想像力の障害

　ASDのある人は、自分に興味のあるごく限られた物事に熱中し、それに関連した情報を集めるのに多大な労力と時間を費やすことを厭いません。

　たとえば、車、電車、ロボット、気象、地図、歴史、宇宙、昆虫、恐竜、漢字、計算、時刻表、カレンダーなどの「カタログ的」な知識の収集などはその最たるものです。

　ASDのある人には自分の興味を持った分野については驚異的な記憶力を示す人がいますが、これは「イディオン・サヴァン」（サヴァン症候群）と昔から呼ばれていました。

　彼らは自分の興味・関心のあること、特に視覚的な情報を記憶することは得意ですが、頭の中で全体像を想像することや予測すること、興味のないことを覚えるのは苦手です。

　ASDのある人は、自分なりの特定の習慣や手順、順番に強いこだわりがあって、臨機応変な対応ができず、変更や変化を極度に嫌います。ルールや決まり事を頑固に守り、融通が利きません。突然予定を変えられると、たちまち不機嫌になったり、パニックになったりします。これらは「想像力の障害」によるものです。

　自分の空想・ファンタジーの世界に一度入ってしまうと、時間の把握が苦手な特性から、実世界への切り替えが難しくなります。一部のASDのある人がパソコン（インターネット）、携帯電話、ゲーム、ギャンブルなどに一旦はまるとそこから抜け出せなくなるのはそのためです。

　他に、食べながら会話するなどの「同時処理」ができないといった特性やモノが捨てられないといった特性も見られますが、それらも「想像力の障害」からくるものだと考えられます。

　これまで述べた「ウイングの三つ組」がASDの人たちにとって、最も核となる特性ですが、それ以外の特性についても、ここでは少し取り上げたいと思います。

(2) コミュニケーションの障害

　ASDのある人は、他の人と会話をしていても、視線をあまり合わせず、身振り、手振りの表現が乏しい、表情をほとんど変えないなどの特徴があります。また、人の表情や態

度、身振りなどから相手の気持ちを汲み取ったり、その場の雰囲気や空気を読んだりできないので、悪気はないのですが、周りが困惑したり傷つくようなことを平気で言ってしまいます。しかしこれらは、「コミュニケーションの障害」によるものであり、彼らに悪気はないのです。

　会話は一方的で自分の言いたいことだけ話して、相手の話には興味や関心を示しません。言葉のキャッチボールが成立しないのです。「人との会話がうまくできない」のはASDのある人の大きな特徴です。

　会話の仕方はアナウンサーのように形式的であり、同じ言葉の繰り返しや独特の言い回しをします。話し方には抑揚がなく、会話の間も取れません。話は回りくどく、細かいところにこだわる傾向が顕著です。しかもあちこちで話が飛びやすいので、聞く方は、今何のことを話しているのか分からなくなります。難しい言葉を使い、大人びた単語を使う一方、含みのある言葉や裏の意味は理解できません。言葉の意味を字義通りに解釈するので、冗談やユーモアが通じず、たとえ話を本気で受け取ったり、あいまいな表現が分かり難かったりします。

　また、より低年齢のうちはオウム返しや独り言も多いとされています。

(3) 社会性の障害

　社会性の障害を一言で言えば、「自分の体験と人の体験が重なり合わない」ということです。

　私たちは、自分が感じたり考えたりするものと、人が感じたり考えたりするものと、基本的なところは共通しているという暗黙の前提で生活しています。

　しかし、ASDのある人の場合には、世界の感じ方、見え方がかなり異なっていることが確かめられています。

　すなわち、相手の気持ちを理解することが難しいのです。ADHDのある人も対人関係は不器用ですが、「人と親しくなりたい」「人に近づきたい」という欲求は持っています。人付き合いがしたくないわけではなく、親しくてもうまくできないのがADHDのある人です。

　これに対して、ASDのある人は、人と親しくなりたいという欲求が、皆無ではありませんが希薄です。孤立しても平気で、子どものころから一人遊びが多く、誰かそばに居ても一人で遊ぶのを好みます。競争やゲームをするときも、仲間と協力して楽しくすることに考えが及ばず常に一番になることや勝つことだけにこだわります。これは「ASDの一番病」と言われるもので、知能の高いASDのある人にもみられる古典的な症状です。

　また、決まり事やルールを柔軟に考えたりすることができず、融通が利きません。変に正義感が強く、完全主義で過度に相手に行為をとがめ、またそれを第三者に言ったりもし

ます。このためなかなか友人が出来ない場合も多いのですが、本人は一向に気にもしません。自分のこだわりに対してのみ、忠実なのです。

③ 症状の変化

ASDの症状が最も明確なのは、4歳以前です。最近は早期発見が進んでいるので、4歳以降になると対人関係の障害が軽くなる例が多くなっています。つまり、「それまで目が合わなかった子どもが、ある程度視線を合わせられるようになる」「集団の中に入れなかった子どもがある程度参加できるようになる」などの好転が見られるようになります。

コミュニケーションについては、言葉のなかった子どもが、「言葉を言うようになった」「オウム返しが出来るようになった」「指さしのない子どもが手差しや指さしをするようになった」などの変化が見られます。

こだわりは、それらに比べると変化が少ないです。こだわる対象は変化し、子どもの発達を反映して、こだわり方は変化しますが、こだわりの強さは年齢を増してもあまり変わりません。ただ、こだわりの中に含められる、常同行動（指をくねらせる、手をひらひらさせる、ぴょんぴょん飛び跳ねる）などは、年齢が高くなると目立たなくなります。

また、成人期について見てみると、企業・官公庁・個人事業なども含め、一定の割合でASDのある人が社会生活を送っているとされています。彼らは、「二次障害」によって、初めて精神科を受診し、そこでASDと診断されるケースが多くなります。

以上のように、ASDには特性としての強弱や本人・その周囲の困難に応じて診断が分かれる訳ですが、困難ばかりが目立つ訳でもなく、多くの人と比べ相対的に優れている面があるのが事実です。

スケジュール管理教材を使ってみましょう

　スケジュールや行動の管理が苦手な発達障害のある児童にとって、カレンダーやスケジュールを視覚的にわかりやすく表示することで、自分が次に行う行動を認識することができます。

　発達障害のある児童は、意外と手先が不器用です。使いやすさを考えた商品を使用することにより、楽しみながら行動習慣を身につけることができます。

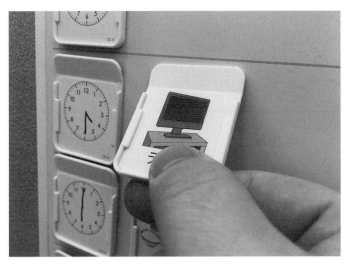

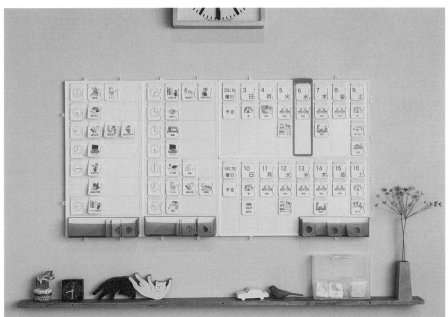

［写真提供］株式会社古林療育技術研究所「コバリテ視覚支援スタートキット」（2016年度グッドデザイン賞受賞）

3. 注意欠如・多動症（ADHD）

　注意欠陥・多動症（ADHD）の基本症状は、いつも落ち着きがなくソワソワしているといった、「多動性」、気が散りやすく１つのことに集中できないなどの「不注意」、後先考えずに思いつきでパッと行動してしまうといった「衝動性」の３つです。

① 優れた点

(1) 好奇心が旺盛で次々と興味を持つ

　ADHDのある人は、脳の発達がアンバランスで、物を片づけたり約束の時間を守ったり、メールをもらったら折り返し返事を出すなどの行動が苦手で、職場や家庭などでしばしば大変な苦労を強いられているわけですが、その一方で、彼らは多くの素晴らしい長所も持っています。例えば、自分の興味や関心があることには誰にも真似できないほど夢中になれる、人並み外れた集中力（過集中）や好奇心（新奇追求傾向）があります。

(2) ひらめきがあり、芸術や研究の才能を持つ

　誰も思いつかないような「ひらめき（インスピレーション）」を発揮することがあるのも大きな特徴です。これらは、ASDのある人でも見られる特徴ですが、新奇追求やインスピレーションはADHDのある人において特に優れた長所だとされています。こうした長所を持つ彼らは、一つの技能や領域などに関心を持つと、全てのパワーとエネルギーを傾注し、邁進するため、優れた技師、学者、研究者、芸術家、映画俳優、脚本家などになることがしばしばあります。また、優れたインスピレーションを活かして、経営者や政治家として成功している人もたくさんいます。

　実際、歴史に名を残す偉人や天才には、ADHDを抱えていたと言われる人物が多く、音楽家のベートーヴェンやモーツァルト、科学者のエジソンやアインシュタイン、画家のレオナルド・ダ・ヴィンチ（科学者としても一流）やピカソ、ダリなどはその典型と言われています。日本の歴史を振り返ってみても、戦国時代に「天下布武」を掲げて登場した織田信長を始め、エレキテルで有名な江戸中期の奇才・平賀源内、幕末に誰も思いつかなかった薩長同盟を結ばせた坂本龍馬、実に19か国語を操ったという明治の博学巨人・南方熊楠など、ADHDがあったとされる偉人や天才はたくさんいます。

(3) 才能を活かす環境をつくる

　このように、ADHDのある人はまさに磨かれていない原石そのもので、彼らの長所を上手に生かせる環境では、水を得た魚のように、その才能を開花させる可能性があるので

す。彼らは若くして、その長所を発揮することもありますが、様々な環境下で試行錯誤を繰り返した結果、遅咲きで花開く場合の方がずっと多いと思われます。

② 症状

ADHDの症状としては中核症状である「不注意」「多動性」「衝動性」と、その他の症状として「先延ばし傾向」や「整理整頓ができない」「忘れ物が多い」といった社会生活において身につける必要があるとされる習慣化が困難という側面もあります。

それでは、ADHDにはどのような症状が傾向として現れるのか、具体的に見ていきたいと思います。

(1) 中核症状

❶ 不注意（注意散漫）

不注意は脳の軽度の機能障害によって、目が覚めている時でも、自分の興味や関心のないことには覚醒レベルが低下して、注意散漫になってしまうために起こります。気が散りやすく、一つのことに長い時間注意を集中できません。

その結果、仕事・家事・勉強・会議・読書などの途中で集中力が途切れて意識が別の世界に飛んでしまい、極端な場合、居眠りしたり、時々ボーっとして「心ここにあらず」で自分の世界にスリップしてしまったりします。自分の言いたいことは話すのですが、注意散漫になるため相手の話をきちんと聞けなかったりします。

このようにADHDのある人は注意散漫で仕事や学業に集中できないため、どうしても達成レベルが低く、「計画性を求められること」や「管理すること」が苦手です。

たとえば、金銭管理が難しいので浪費癖や衝動買いに走りやすく、時間の管理が苦手なので遅刻の常習犯で、約束の日時を忘れてしまうことがあります。忘れ物が多く、片づけ・整理整頓ができず、家の中は散乱しています。書類や帳簿などの管理も苦手で、紛失やミスが多くなりがちです。

車の運転中も信号や歩行者の見落としなどで事故を起こしやすい傾向があります。

ADHDの注意散漫、不注意傾向は、一つには「脳の情報フィルター機能」の低下によるものとされています。

人間の脳には、外から入ってくる膨大な量の情報から必要なものだけを選んで、思考活動を司る前頭葉に伝える「フィルター（注意選択）機能」が備わっています。

たとえば、立食パーティーに出席した場合、正常な脳であれば、周りの雑音が騒々しくてもフィルター機能が働いて、特定の相手の話だけを傾聴し、そのほかの雑音は無意識のうちに注意選択してシャット・アウトすることができます。

これは心理学者のコリン・チェリーが提唱した「カクテル・パーティー効果」と呼ばれ

るものですが、ADHDのある人はこのフィルター機能が未熟なため、周りの騒音・雑音を無差別に脳の中に取り込んでしまい、注意がほかに飛んでしまうのです。先生や上司や同僚などとの話に集中できないのはこのためです。

❷ 多動性

ADHDの症状のうち、特に「多動・衝動性優勢型」の子どもは、幼児期から学童期前半にかけて落ち着きのない多動傾向が目立ちます。

しかし、学童期後半から思春期になることの傾向は、徐々に改善されていきます。

そして大人になると、全身の多動は目立たなくなり、むしろ何となく気忙しくソワソワしているという別の表現型を取るようになります。貧乏ゆすりをし、早口で絶え間なくしゃべったりもします。

また、ADHDのある人には「新奇追求傾向」があるため、新しい刺激を求めて次々と興味や関心の対象が移り、新しい趣味やレジャーに手を出します。

職業を転々と変えたり、引っ越しを繰り返したりしますが、これも広い意味で多動傾向と関連しています。

❸ 衝動性

衝動性はADHDの症状の中でも生涯に渡って持続するもので、しばしば非常に深刻かつ危険な影響を本人や周囲に与えます。

ADHDのある子どもは、物事の善悪や後先のことを全く考えずに、思いついたらパッと行動に移したり、すぐに口に出して言ってしまったりします。

たとえば、休み時間にクラスの友達が順番やルールに従って遊んでいるのに、突然なんの断りもなしにパッと口や手を出して混乱させたり、散歩の途中、獰猛な犬に手を出して噛まれたり、車が激しく通っている道路を平気で横断したりします。

このような衝動性は大人になっても残ります。会話の途中や会議の最中に、その時の思い付きや気分でパッと発言したり、行動したりします。TPOをわきまえた振る舞いが出来ないので、その場にそぐわない「KY（空気の読めない）」発言を連発してひんしゅくを買ったり、相手を傷つけたりします。私生活でも衝動買いをしたり、大酒を飲んだり、ギャンブルで大損したりします。異性ともその場の雰囲気や勢いで関係を持ってしまうことが多いため、しばしば浮気や不倫、性病や望まぬ妊娠のリスクも高くなります。

大人のADHDでは、このように思いつきの言葉を繰り返すため、周囲の信頼を失いやすく、パートナーや友人、上司、同僚などとのトラブルが絶えません。

また、借金地獄に陥ったり、転職を繰り返すうちに再就職が難しくなったり、本人や周囲の生活を破綻させる結果になります。

一般にADHDの衝動性は、脳内で分泌されるドーパミン・ノルアドレナリン・セロトニンなどの神経伝達物質のうち、特にセロトニンが不足し、衝動や欲望をコントロールで

きなくなるのが原因とされています。うつ病や、アルコールや薬物などの依存症に陥るケースが多いのはそのためです。

(2) その他の症状

これまで述べた「①不注意・②多動性・③衝動性」の三本柱がADHDの基本的な症状ですが、随伴して現れる特性について紹介します。

・先延ばし傾向

ADHDのある人には、子どものころからやるべきことを何でも先延ばしにする傾向が見られます。

これはADHDの「先延ばし傾向」と呼ばれるもので、①自分の興味や関心の向いたことを優先してしまう、②自分のやるべきことをすぐ忘れてしまう、③新しいことに心理的抵抗や不安が強い、などが原因とされています。その結果、最低限やるべきことが無視され、嫌なこと、不得手なことが敬遠され、どんどん先延ばしされてしまうのです。物事の優先順位がつけられず、あれもこれも同時進行で進めるので、期限までに宿題や仕事が間に合わなかったり、書類や提出物の締め切りに間に合わなかったり、支払期限が過ぎてしまったり、約束をすっぽかしたりしてしまうのも、このような特性があるからです。

・片づけができない、忘れ物が多い

片づけられず、忘れ物が多いというのは、ADHDのある人に必ずと言っていいほど現れる、きわめて出現頻度の高い症状です。これはADHDの中核症状である「不注意」と密接に関連しますが、近年注目されているのは「記憶障害」なかでも、「ワーキングメモリー（作業記憶）」や「手続き記憶」との関係です。

まず、ワーキングメモリーですが、これは一言でいえば、一つの情報を保持しながら別の活動をするための機能です。たとえば、キッチンでカレーを作っている時に電話がかかってきたとします。普通であれば、相手と通話しながらも、鍋のそばを離れず、ときどきはこげないようにかき回したりするはずです。電話をしていても、「カレーの鍋に火にかかっている、気を付けないといけない」という意識がきちんと働いているからです。

このように、今やっていることとは別に何かをやらなければならないとき、それに必要な情報を必要な期間だけ貯蔵し、「こっちもあるから忘れちゃだめだよ！」と頭の中で注意を喚起する仕組みが、ワーキングメモリーなのです。たとえて言えば、頭の中に貼った作業用のメモ帳のようなものです。ワーキングメモリーは、脳の前頭前野が司っているとされ、ここに問題が発生すると、複数のことを同時にこなしたり、今ある課題をどう順序立てて実行すればいいか考えたり、いくつもある条件の中から最適な答えを見つけたりす

るのが困難になります。

　次に、手続き記憶とは、自動的に物事の手順を実行する際の「知覚的（触る・見る）」「運動的（物を動かす）」、「認知的（物を近くして認識する）」などの記憶であり、具体的には車や自転車の運転、タイピング、楽器演奏、水泳などのように繰り返し行うことで獲得されるタイプの記憶です。一言で言えば、体で覚える記憶であり、意識しなくても使えるのが特徴です。手続き記憶には大脳の奥にある基底核などが重要な役割を果たしているとされ、ここに問題が発生すると、たとえば「何度繰り返しても仕事の手順が覚えられず、作業の成熟度も上がらない」といった事態に陥ってしまいます。

　ADHDのある人は、よく「本業はできるのに雑務ができない」「仕事はできても家事ができない」と言われますが、それは不注意傾向とともに、ワーキングメモリーや手続き記憶に問題があって、①雑多な用事の優先順位をつけ、②先を読んで手続きを考え、③やりかけの仕事を最後まで続けて完成させる、という一連の作業を段取りよくできないからなのです。片づけられず、忘れ物が多いというのは、まさにその結果なのです。

　しかし、その一方で、集中力と同じく自分の興味や関心のあることには驚くほどの力が出るのは、ADHDのある人の典型的な症状であり、大きな特徴です。選択が一人で出来ない場合は、優先するモノをひとつずつ選ぶ支援を行うこと。例として、10個のモノから3つを選ぶ時には、1個ずつ、3回行うこと。ASDのある人は反対に、こだわりすぎるため分類を細かくしないことです。

③　症状の変化

　これらのADHDの症状のうち多動性は、学童期（小学校）後半になるとかなり改善されますが、不注意と衝動性は思春期・青年期以降も残ります。また、思春期・青年期以降になると、これらの症状は修飾され、様々な二次障害や合併症を示して判断しにくくなってきます。

　最近では大人の発達障害としてADHDの認知度が高まり、大学生や社会人の年齢になってから二次障害を発症して発達障害があることに気が付く例が増えてきました。片づけが苦手や、遅刻するなどのマイナスイメージがありますが、ひらめきや好奇心の旺盛な特性を活かして社会で活躍している人も増えています。

　発達障害の人の才能を生かすには、①発達障害の特性と適職を知る、②専門教育でサポートする、③就労支援とキャリア・ガイダンスに努める、などの周囲の適切な支援を行うことの必要性の周知や体制が整えば、活躍の場が増えてくるでしょう。

片づけない生活をエンジョイ

私はこれまでできなかった片づけに、2015年頃からとりくんできました。

それまでに発達障害のためにさまざまな困難な事がありました。

私が気が付いたのは小学校一年生の入学式の日でした。

入学式が終わった私達は教室に入り、教科書をいただきました。

何故か隣の女の子に教科書がありませんでした。

その子は悲しそうな目をしてうつむいていました。

私は、可哀想に思って教科書をどうぞと差し出しました。

その子は、ありがとうと言って笑顔になりました。

私は、ああ良かったとおもいました。

しかしその後、大変な事になりました。

母は、私の教科書がないと騒ぎだし何故ないと私にきいてきました。

私は、お友達が教科書がなかったので譲ったと笑顔で答えました。

私は、もちろん褒められると思っていました。

その後私は母に叱られました。

なぜ叱られるのか私にはわかりませんでした。

学校時代は、時間割が出来ず忘れ物の日々でした。

宿題はするのに持って行くのを忘れる。

成績は良いのに忘れ物も一番で何故だろうと思っていました。

一生懸命に忘れないようにするのですが、ダメでした。

大学を卒業して就職して結婚したのですが、そこで大問題が起こりました。

片づけが出来ないのです。

実家に住んでいた私は、自分の部屋だけで良かったのですが、台所、リビング、居室2部屋は初めての体験でどうしたらいいかわからず全く片づけられませんでした。

引っ越しをしても直ぐにお部屋はグチャグチャになりました。

片づけを1人で取り組んでいましたが、私の人生これで終わってしまうと思いました。

一念発起して、片づけのセミナーにいき、レッスンを受けてニュージーランドでの片づけにチャレンジしたら、なんと片づけができなかった私ができるようになりました。

今やっと玄関で忘れ物がないか振り返る事ができるようになりました。

忘れ物をしないポイントは鍵のそばに持っていくものを置いておく事です。

私は、今はミニマリストになり片づけない生活を古民家でエンジョイしています。

4. 限局性学習症 (LD)

　限局性学習症 (LD) とは、基本的には全般的な知的発達に遅れはないが、聞く、話す、読む、書く、計算する又は推論する能力のうち特定のものの習得と使用に著しい困難を示す様々な状態を指します。

　LDの特徴を説明するのはなかなか難しいのですが、それは知的な発達全体の遅れからではなく、認知発達の部分的な遅れや偏りから起こります。 ここでいう『認知』とは、LDの子どもや大人が見たり、聞いたり、触ったり、運動をしたりするとき感じる様々な刺激を、脳の中に取り込む高次な知的活動を指します。推理や思考等も認知過程の一部です。

・読字障害

・書字障害

・算数障害

LDの特性としてよく挙げられる、次のような困難を抱えています。

①左右が理解できない

②地図が読めない

③日時や場所の概念が理解できない

また言語面や算数などについて、次のような特性がみられる場合もあります。

①言語が不明瞭

②単語が覚えられない

③文章を文の順番通りに読むことができない

④文字が鏡文字になってしまう

⑤計算ができない、数の概念が理解できない

⑥記号の使い方がわからない

　LDについても、ASDやADHDと同様で、周囲の理解や援助、本人の経験や工夫などが肝心なのは言うまでもありませんが、困難にばかり目を向けるのではなく、出来ることを伸ばす、得意なことを積極的に行うという発想が重要だといわれています。

5. 感覚統合

① 感覚過敏・鈍麻

　発達障害のある人は、探しモノをするときに意識が集中しすぎて、目の前にある事を認識できないとか、指先が不器用で服を整えてハンガーに掛ける時間が長くなることがあります。

　聴覚、触覚、嗅覚、味覚などに異常に敏感だったり、逆に鈍感だったりします。彼らは往々にして食べ物の好き嫌いが多く、なかには極度の偏食の人もいます。それは味覚、嗅覚のこだわりとともに、それらに過敏に反応するためです。

　人から触れられることが異常に敏感であり、トゲトゲした表面生地の服がどうも着られないといったことが「触覚過敏」です。また、ある種の音を極度に嫌がり、騒々しいところが耐えられないといったことが、「聴覚過敏」です。特に花火やピストルなどの大きな音や機械音に対して敏感で、パニックになることもあります。一方で、特定のにおい（注射の際の消毒用アルコールなど）や、特定の音（電車のモーター音など）など、普通なら不快に感じる感覚刺激材料を好むなど、その感覚が人によって大きく違うのも特徴です。生来の五感の特性に加えて、その人が育ってきた過程での環境や興味の対象、こだわりが、その人特有の感覚の特性を作り上げているようです。

①視覚…意識が集中しやすく、視界に入っているモノが認識しづらいことがあります。

②聴覚…不必要な音と必要な音が同じ大きさで聞こえます。

③触覚…肌の敏感さ、鈍感さ。服の生地の素材やタグにチクチクするなど敏感に反応します。

④嗅覚…臭いについてのこだわりなどもあります。特定の臭いに過敏に反応することがあります。

⑤味覚…こだわりや口のなかの敏感さなどが影響していると思われます。

② 協調運動の不器用さ

　腕力が強く、走るのが得意な例もありますが、大抵は縄跳び・器械体操・球技など、手足の協調運動が不得意です。また、スポーツのルールが理解できず応用するのも苦手です。多くの場合、折り紙・ハサミ・ヒモ結びなどの手先の運動も拙劣です。字を書くのがゆっくりで、絵を描くのに支障が出る場合もあります。以下のような協調運動の不器用さは、

ADHDのある人よりもASDのある人にみられる
特徴です。

①鉛筆が持てない
②ボール蹴りがうまくできない
③よくつまずいたりする

図2-3 感覚統合のイメージ

　ASDのある人の中には、独特の歩き方走り方を
する人もいます。つま先歩きや膝を曲げたまま歩
いたりするので、ぎこちなく操り人形のように見
えることがあります。彼らは家庭などで姿勢につ
いて注意されない限り往々にして猫背で、極端に
蟹股だったり、逆に内股だったりします。歩行に合わせて腕を振れない子どももいます。
近年のMRIの研究で、ASDに特徴的な所見として、小脳の発育・発達の未熟性が解明さ
れました。小脳は人間の協調運動を司る部分です。

脳の傾向チェックリスト

誰にでも当てはまりそうなものばかりです。いくつ該当するか、チェックしてみましょう！

- ☐ 1　初めての場所・行動にとても緊張する
- ☐ 2　いつもの手順が急に変わると混乱する
- ☐ 3　臨機応変に対応することが苦手
- ☐ 4　興味のあることと、ないことへの関心の差が激しい
- ☐ 5　なにかに集中しすぎて、寝食を忘れることがある
- ☐ 6　会話が一方的になり、相手の話を聞かない
- ☐ 7　話が伝わりにくい
- ☐ 8　あいまいな表現が理解しづらい
- ☐ 9　冗談や皮肉がわからず、文字通り受け取る
- ☐ 10　年齢相応の友達関係がない
- ☐ 11　場の雰囲気を読むのが苦手
- ☐ 12　思ったことをすぐ口に出してしまう
- ☐ 13　持ち物や用事を忘れることが多い
- ☐ 14　段取りよく作業を進めるのが苦手
- ☐ 15　じっくり考えなければならない作業を行う際に、避けたり遅らせてしまう
- ☐ 16　作業を行う際に、難しいところは乗り越えても、完結させるのが苦手
- ☐ 17　長時間座っている際に、手足を揺することが多い
- ☐ 18　何かする際に、異常に活動的になったり、衝動的になる
- ☐ 19　突然のヒラメキなど、枠にとらわれない発想力がある
- ☐ 20　感覚の過敏・鈍感がある

※周りからの評価も聞いてみましょう。

6. 医療現場における診断方法

　発達障害の診断は、就学前から高校生までは、小児科や児童精神科、それ以上の年齢になると一般の精神科や心療内科などで受けることができます。

① 診察の問診

　診断のためには、病気や障害になってからの現病歴や、体の疾患を含めた過去の病気や持病などについての既往歴、家族や親戚に病気や障害がないか、また、家族の職業や家庭環境などについての家族歴、そして、特に母親の妊娠中から出産、生まれてから今までの生活についての生育歴・生活歴などの情報が重要になります。これまで受けてきた教育や従事した職業などの教育歴・職歴なども、その人がこれまでどのような事で困りを抱え、支援を受け、時に不適応を生じてきたかということを評価するための重要な情報となります。

　診察に必要な情報は、本人が覚えている範囲では本人から、また、子どもの頃の様子などは両親や祖父母、親戚、時には学校の先生などから聴取されます。本人が覚えていたとしても、客観的にはどうだったのか、家族からもう一度聞く場合もあります。また、可能であれば親からのヒアリングに加えて学校での現在の様子も聞く事によって、居場所が変わったときの反応について確認することもあります。お話を伺うと同時に、母子手帳や通知表、子どもの頃の作文や絵、練習ドリル、本人の映っている写真やビデオを参考にすることもあります。

　診断のためには、障害が幼少期から持続して存在したかという点が重要です。そのため、

「1歳、3歳の時点で言葉をどれくらい話すことが出来たか」
「適切な視線、指さしや後追いなどの愛着行動があったか」
「同年代の子どもたちと上手に遊ぶことが出来たか」

など、発達が定型的であったかと言う点や、

「くるくる、ぴょんぴょん回ったり跳ねたりしてばかりいた」
「聴覚や視覚、触覚などに特別な敏感さや鈍感さがあった」
「数字や地図、カレンダーや時刻表など特別な興味の偏りとこだわり」
「オウム返しや独り言」

などの発達障害によく見られる特性が認められたかという点。さらに、

「すぐに飛び出すので必ず手を繋ぐ必要があった」

「迷子になりやすかった」

「忘れ物が多く片づけが苦手だった」

「教室で立ち歩きを注意されていた」

「学校の成績が偏っていた」

など、発達障害が有る結果生じやすい「困り」が、遅くとも小学生の頃からずっと存在していたかということについて確認します。

　これは、今困っている症状がうつ病や躁うつ病、統合失調症、不安障害やパーソナリティー障害、そして高次脳機能障害や身体疾患などのそれ以外の原因で生じているものではないかと言うことを鑑別する上でとても大切な情報になります。その他の精神疾患がないか、慎重に診察をすると同時に、身体疾患や脳機能障害の可能性を鑑別するために、身体疾患についての問診や血液検査や脳画像検査、脳波検査などを併せて行うことが推奨されています。

② 診断基準と質問紙や構造化面接など

　問診で得られた情報をもとに、通常はDSM-5やICD-10などの診断基準によって医師による診断が行われます。診断を補助するものとして、本人や親が質問紙に回答する質問紙法、本人の発言や行動を観察し評価する行動観察法、そして、決められた評価項目に沿った質問によって評価する構造化面接法などがあります（表）。

表　ASDの評価尺度

尺度	概要	著者
質問紙		
自閉症スペクトラム指数（AQ）	広く利用されている自記式の50項目のスクリーニング質問紙。	Baron Cohen S, 2001
対人応答性尺度（SRS）	養育者への43項目の質問紙。成人用、自記式バージョンもある。	Constantino JN, 2003
行動観察法		
ADOS-2	コミュニケーションや特性に関連した検査項目を観察評価。	Lord C, 2012
CARS-2	15項目の聞き取りと観察によって検査項目毎の特性を評価。	Schopler E, 2010
PEP-3	遊びを通じ発達段階を「合格」「不合格」と「芽生え」に評価。	Schopler E, 2004
構造化面接法		
PARS-TR	日本自閉症協会が開発した特性に関連した項目の聞き取り。	発達障害支援のための評価研究会
ADI-R	93項目の養育者に対する半構造化面接。	Lord C, 1994
MSPA	個別の特性を評価し効果的な支援を行うことに特化。日本で開発。	船曳, 2011

③ 心理検査

　本人の知的な能力や、得意・不得意な課題を評価するために、WAIS-Ⅲ（ウェクスラー知能検査3版　ウェイススリー）WISC-Ⅳ（ウェクスラー小児用知能検査4版）や新版K式発達検査2001などの知能検査を実施します。例えばWAIS-Ⅲでは、知的能力をIQ（知能指数）で表しますが、それぞれの項目の分け方によって、全てのIQを合計した全IQ（FIQ）、言語性能力と動作性能力について言語性IQ（VIQ）動作性IQ（PIQ）を別々に算出した結果も評価に用います。さらにそれぞれの結果を言語理解（VC）知覚統合（PO）作動記憶（WM）処理速度（PS）の4つに分類して評価する事も出来ます。

　発達障害のある人は、これらの結果に偏りがある場合が大きく、この偏りの大きさが見かけ上の能力と実際の能力のギャップとなり、周囲の理解を得られなかったり、思うように行かない原因となったりします。ただし、偏りがある方が皆発達障害というわけではありませんし、発達障害があるからといって、必ず偏りがあるとも限りません。発達検査は、得られた結果によってその人の強みや苦手な部分を理解し、訓練や支援の方向性を決めるために役立てることが出来ますが、これによって、診断が決まるものではありません。

④ 診断の確定と告知

　これらの問診や評価尺度、心理検査などによって得られた情報を総合して診断が下されます。最初に受診してから診断がつくまでの期間は、医療機関によって異なりますが、信頼関係が築かれ、十分な問診が出来るようになるまで時間がかかる場合や、心理検査がすぐには出来ない場合、さらに、精神疾患の合併や、反対に症状がわかりにくい場合などには確定までに時間がかかる場合があります。

　また、診断の告知については、告知を受ける家族や本人が障害を理解し、支援などを通じて困難を解決していくことができると感じられるかと言う点が重要になります。困難を解決出来ないと感じる場合や準備が整っていない場合、その時に生じている困難への対策や治療を進めると同時に、障害についての説明や、環境調整などを行うことによって準備を整え、適切なタイミングで本人や家族が告知を受けられるようにします。

※診断名について、本書では下記の表記を用います。
・自閉スペクトラム症／自閉症スペクトラム障害
　（ASD）Autism Spectrum Disorder
・注意欠如・多動症／注意欠如・多動性障害
　（ADHD）Attention—Deficit／Hyperactivity DisorderSpecific
・限局性学習症／限局性学習障害
　（LD）Learning Disorder
　　　　　出典　公益社団法人 日本精神神経学会「DSM-5 病名・用語翻訳ガイドライン（初版）」

啓発の大切さ～どこかで見た光景

　私が発達障害という言葉を初めて知ってから、10年になります。

　その間に自身の特性や、息子の発達の遅れと向き合い、最近になってようやく「発達障害は個性」と捉えられるようになりました。

　現在４歳になる息子を療育に通わせていますが、そこでは、発達障害が何なのか知らされないまま、我が子にその疑いをかけられ、困惑しているお母さんたちに出会います。多くの方は子どもを通じて初めて発達障害を知り、「障害」という言葉に不安を煽られ、精神的に受け入れ難く悩んでいるように思います。前々からの知識がある私でさえ、社会の認知が進んでいないために、子どもの進路に大きな不安を抱かざるを得ません。

　私は、発達障害が正しく社会に広まるには、医学的な情報の普及と体験的な理解の浸透が重要だと考えています。前者は医学の進歩を待つばかりですが、後者はまさに、暮らしデザイン研究所の理念そのものではないかと感じています。基礎研修で体験した、当事者の感覚をつかむワークは、私に大きな気づきを与えてくれました。当事者の体験を紹介するメディアは急増しているけれども、自身の体験と重ねる作業を促すものは少ない。しかしその作業こそ、「体験的な理解」であり、スペクトラムの概念の獲得に不可欠なのだと。

　先日私は、未就学児の発達支援施設を見学しました。常同運動や独り言を繰り返したり、絶えずそわそわする子たちを眺めながら、「どこかで見た光景だな」と悶々と考えていました。その時脳裏に蘇ったのが、幼稚園の時の発表会での舞台裏です。緊張、不安、興奮……あの時私を含め、皆彼らと同じような様子で出番を待っていたことを思い出しました。もちろんこの思いつきが正しいかどうかは知る由もありませんが、私の中で彼らとの境界が薄らいだことは紛れもない事実です。

　発達障害にかかわらず、環境や状況が変われば、人はいつ障害者になるか分かりません。ただ、どんな事が起こっても、安心して幸せに暮らせる世の中であってほしい。そんな素朴な願いと、少しの想像力で、現状は必ず変わっていくと信じています。

7. 二次障害

　発達障害が複雑でわかりにくいのは、その本質的な脳の機能障害に加えて、家庭環境や学校・職場環境など、二次的な心理社会要因によって、思春期・青年期になって、うつ病や不安障害（神経症）、依存症、パーソナリティー障害（人格障害）など、様々な精神科的合併症や二次障害を示すケースが少なくないからです。

① 二次障害とは

　成人になるまで発達障害であることに気づかず、進学後や就業後に物忘れやミスが多くなり、初めて診断を受けてうつと診断されるケースが増加しています。大学や職場での教員や上司、同僚からの「なぜ出来ないの？」「怠けているの？」といった周囲の無理解を原因としたストレスや、ミスや転職を繰り返すことによる自己否定からうつ病を発症することになります。このことが、休職者やひきこもりの原因にもなることから深刻な社会問題となってきています。

　これらは、本人の自分の特性への認識不足や、周囲の無理解が生んだ悲劇と言えるでしょう。また、同じASDやADHDであっても、乳幼児期、学童期、思春期、青年期、成人期と、発達するにつれて、症状は変化していきます。診断名も変わることがあります。さらには、知能指数（IQ）も加わり障害支援区分も違います。それが、発達障害をわかりにくくさせる大きな原因です。

二次障害

（　原因の無理解・非難　）　（　過度のストレス　）　（　自己否定　）

　二次障害にはうつ病の症状の他に、過度な親子間の干渉に代表される依存症や、ギャンブル、ゲーム、薬物、飲酒などに依存する習慣がつく嗜癖行動などがあります。

　また、睡眠障害については、生理的欲求のひとつで住環境の整備と密接な関係があり、充分な睡眠時間を確保することが必要です。例えば、相談者の寝室の室内や屋外の照明の環境についてヒアリングを行います。就寝時にも室内の照明を点灯している場合は光に対する感覚が過敏か、鈍感になっていて睡眠が浅くなっている可能性があります。サポーターとして、ベッドサイドやフットライトなどの間接照明を利用した住環境整備を提案することになります。また、親と接して寝ている子ども場合は、一人で安眠できる習慣づく

りを目標にしたアドバイスを行います。

② 依存症や嗜癖行動

酒、タバコ、コーヒー、薬物、ギャンブル、買い物、過食、恋愛、セックス……。発達障害者の中には、様々な依存症や嗜癖行動に走るケースが少なくありません。これらは一般に、①アルコール依存・薬物依存・タバコ依存などの「物質依存」、②過食症・ギャンブル依存・買い物依存・セックス依存などの「行為依存」、③恋愛依存・夫婦間暴力などの「人間関係依存」の３つのカテゴリーに分けられます。

発達障害とりわけADHDのある人が、様々な依存症や嗜癖行動に走りやすいのは、①感情が不安定で不安感が強い、②ストレス耐性が低い、③新しい刺激を追求する、④衝動性が強い―などの特性から、不安やストレスを和らげるためだといわれています。

しかし、実はもう１つ、依存症や嗜癖行動を引き起こす重要な原因があります。

それは「自己投薬」としての依存であり、嗜癖行動です。

たとえばタバコ依存ですが、ある調査によれば、ADHDのある人は一般の人に比べて３倍も依存リスクが高いことが分かっています。

なぜ彼らは、タバコを吸いたくなるのか？　C・キース・コナーズらの研究によれば、ADHDのある人にタバコを吸う代わりにニコチンを投与したところ、脳内のドーパミンという神経伝達物質を刺激するよう働き、彼らの覚醒レベルを上げ、注意集中を高めることが分かりました。

同じことはコーヒー依存についても言えます。コーヒーに含まれているカフェインに覚醒作用がありますが、ADHDのある人の中にはそのコーヒーを一日10杯以上飲む人もいると言われています。カフェインとADHDの関係についてのリディオらの研究では、ADHDのある人にカフェインを投与したところ、ニコチンと同じように、コンピュータの認知機能検査の成績が向上し、注意集中力が高まったのです。コーヒーを大量に飲むADHDのある人は、カフェインの覚醒作用を利用して、ニコチン同様自己投薬しているのだと考えられます。

すなわち、ADHDのある人がこのように自己投薬に走りやすいのは、覚醒レベルの下がった自分の脳を自ら刺激して目覚めさせ、心の嫌な気分や不安感を追い払って、安らぎや安心感を得るためであると言えるのです。

このように発達障害には様々な症例があります。サポーターとして支援する際には当事者の心身の状態や、家族の考えにも配慮して住環境整備を行うことが大切です。

3 発達障害の特性に配慮した整理収納

整理収納概念

　近年では、片づけを取り巻く言葉が様々な表現で取り上げられるようになりました。このテキストではここまで、「片づけ」という言葉を使って記述してきましたが、このパートでは、この章で使う整理収納の言葉の定義と概念について確認します。

　皆さんが「片づけ」や「整理収納」という言葉を使う時、頭の中ではどのような場面をイメージしていますか？

　年末に行うような大掃除をイメージされた方もいるでしょうし、日常生活での一場面を思い浮かべた方もいるでしょう。

　そのどちらも正解で、整理収納には意を決して行う「イベント型（ハレ）」とイベント後の日常生活に組み込まれた「日常型（ケ）」があります。

◎ イベント型「ハレの整理収納」

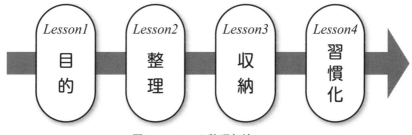

図3-1　ハレの整理収納フロー

①目的………漠然と作業を行うのではなく、目的を設定することで、意欲が高まる

②整理………不要なモノを省き、残すモノを何かしらの基準で分ける

③収納………残すモノを収納用品に収めて定位置を決める

④習慣化……使ったモノを元の位置に戻し、定位置管理をする

　イベント型がほぼ必ず実行される例として、引越しがあげられます。

　まず、「目的」は引越し後の快適な生活になるのではないでしょうか。そのために引越し前に行う作業が「整理」です。この段階で必要なモノだけ残し、量的に少なくすればするほど、その後の「収納」はスムーズになります。収納を考える時にはモノと空間に対し

て、採光のための家の方位、部屋の使用目的設定やモノを使う人のライフスタイル、個人の様々な要素、等々、を考慮して仕組みを作ります。

そして、決めた収納場所で定位置管理を行う行為が、片づけと呼ばれる「習慣化」です。

◎ 日常型「ケの整理収納」

イベント型では、多くの時間を使って取り組む整理収納のフローをご紹介しましたが、ここでは、モノが家に入ってから出て行くまでの日常型「ケの整理収納」フローを確認しましょう。

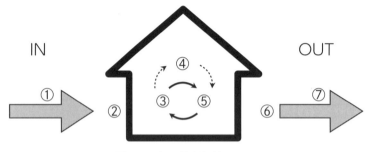

図3-2　ケの整理収納フロー

①IN……モノを手にいれる時点で、②から⑦までをしっかりイメージする

②収納……定位置を決める。維持できる仕組みをつくる。

③使う……モノが生み出された本質

④メンテナンス……衛生管理や修理を行うこともある

⑤定位置管理……使ったモノを元の位置に戻す習慣化の片づけ。ルールを守る。

⑥整理……機能や感情が反映されたモノと向き合い手放す

⑦OUT……Reuse、Recycle または、廃棄

日常生活で繰り返される、モノを購入したり人から貰って手にする「①IN」では、モノを収めるとか、維持できる仕組みを作るにはどうしたら良いのかといった「②収納」から、最終的には壊れて廃棄するのか、それとも使えるうちに譲るのかといった手放す具体的な行動である「⑦OUT」までのそれぞれの段階をイメージします。

家の中にモノが入って定位置が定まると、機能を持って生み出されたモノの本質である「③使う」という行為が行われ、その都度「⑤定位置」に戻されます。そして、必要があれば「④メンテナンス」をします。

最終的にはモノの「⑥整理」が行われ、私たちは機能や感情が反映されたモノと向き合うことになります。そして家の中から外に出し、具体的に手放す行動である「⑦OUT」に至ります。

Lesson1 目的

◎ 目的はストレス軽減

あなたは片づけをする時、いつもどのようなことを考えながら進めていますか?

部屋をスッキリさせたい、二度買いをなくしたい、イライラを減らしたい、人により様々な理由があると思います。

一般的には、そこで暮らしているご家族が、どのようなライフスタイルを望むかによってその目的とアプローチは変わってきます。

現代社会に暮らす私たちは、モノの量やコトの情報量が大変多い状態にあります。障害の有無にかかわらず、これらを管理しきれず、振り回されてしまっている人が多いのが現状です。

昔から「後」片づけといわれてきたように、ともすると今でも後回しにされがちな「片づけ」ですが、今ここで少し立ち止まり、私たちが暮らす時代背景と日々の習慣を照らし合わせて、認識を改める必要があるのではないでしょうか。

ストレスの軽減

脳のキャパシティ　　　モノ・コトの情報量

ココロのゆとり

それでは、発達障害のある人や診断を受けてはいないけれど、グレーゾーンと考えられる人は、苦手な片づけにどのような目的設定をしたらいいのでしょう。

モノが部屋中にあふれて床が見えない、子どもの頃から長期に渡り片づけに苦手意識がある……など、脳の特性で片づけが思うように進まない場合は、周りの人から理解されづらい生活環境も考慮して、『ストレス軽減』を目的に設定します。

ともすると、雑誌に載っているような素敵な部屋を目指しがちですが、一歩一歩ステップを踏んで成功の感覚を身につけ、「自己肯定感」を増しながら前進していきましょう。

人にはモノやコトを管理できるキャパシティがあり、この範囲は人により違います。多くのモノやコトを管理しながら新しいタスクに対応できる人もいれば、日常に慣れないタ

スクが入ると、パニックになる人もいます。

　前者は様々なことに対して、全体を『俯瞰』する視点と、個々を取捨選択するための『選択基準』を明確に持っており、後者はそれとは対照的に、迷いが多い生活をしているといえます。

　医療関係者やご家族からよくご相談をいただく内容として、「本人の行動を促すにはどうしたらいいでしょうか？」というものがあります。

　整理収納の必要性を自覚して行動につなげるためには、本人の精神的な自立が必要です。本人がその段階に達していないのに、行動を望むことは好ましいことではありません。

　誰のための、何のための整理収納なのか、そのことを相談者には常に問いかけます。

　質問の多くの背景には、「片づけた方が本人のためになるのではないか」という本人を思う気持ちから出ています。また時には、片づけをしないことによる衛生面を心配した親と子の行き違いが、虐待として自治体を巻き込むケースもあります。

　しかし、子どもの頃から身についていない習慣を大人になってから急に望むことは、その人の価値観に直結するだけに、難しいことと言わざるを得ません。

　発達障害のお子さんのいる保護者からご相談を受ける時に感じるのは、保護者自身がモノを多く所有しているケースが多いことです。そしてそのこと自体を自覚されていいないため、問題意識の矛先がお子さんに集中してしまいがちです。

　子育ての中で子どもが片づけができないという前に、まずは大人の行動を振り返って見ましょう。

　親自らが行動することで、その背中を見倣い、長じては自ら考え行動することで、本人自身がストレス軽減を意識した行動ができるようになるでしょう。

Lesson2・3　整理・収納

◎ 基礎理論

(1) ASD

　特定の物事に固執しやすく、こだわりが強い特性を持つASD。要支援度が高いと、モノに溢れた住環境では必要な情報へのアクセスを妨げられてしまい、生活の困難さや安心感が得られない心理状態につながる可能性があります。

　一方、本棚の本を順番に並べないと気が済まないといった法則性に安心感を覚える人のなかには、親から教えられていないのに整理収納ができてしまうという人もいます。

　ここでは、一般的にも用いられる整理の分け方の基準となるマトリクスと、収納のポイントをご紹介します。

・整理——機能と感情による基準

　モノの整理の段階で、使っていないのに捨てられないという言葉をよくに耳にします。なぜかというと、モノの要不要を分ける基準は「使う・使わない」という機能面だけではないからです。そこには「好き・嫌い」といった感情も反映されるため、基準に迷いが生じます。

　「好き・使う」モノであるマトリクスAに囲まれて暮らすことが、満足度も高まり理想的な生活と言えます。

　しかし、手放せないモノの多くはB・Cであることが多く、時々使ってはいても好きなわけではなかった

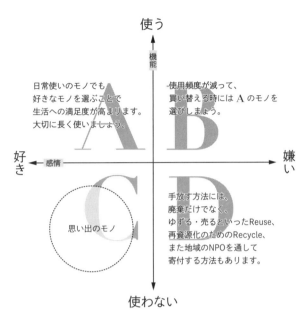

日常使いのモノでも好きなモノを選ぶことで生活への満足度が高まります。大切に長く使いましょう。

使用頻度が減って、買い替える時にはAのモノを選びましょう。

思い出のモノ

手放す方法には、廃棄だけでなく、ゆずる・売るといったReuse、再資源化のためのRecycle、また地域のNPOを通して寄付する方法もあります。

図3-3　モノの機能と感情のマトリクス

り（B）、逆に使わないけれど好きという感情がある（C）という位置付けになります。Cについては、存在そのものが思い出となっているため、メモリーボックスを用意することで量に制限を設けて保管します。Bについては、買い替えるときにはAのモノを選びましょう。そして、いよいよ手放すと決めたモノはできるだけReuseやRecycle、または寄付として活用し、止むを得ない場合は廃棄しましょう。

・収納——分類は3～4

　視覚は一度に多くのモノを捉え判断することが難しいので、収納の仕組みを考える際も数を意識する必要があります。例えば、12種類の文房具を引き出しに収める場合、引き出しを12段用意するのではなく、3段の引き出しケースに「切る」「貼る」「書く」等のラベリング4つの間仕切りをします。こうすることで、目で探す必要がなくなり、目的のモノに早く辿り着くことができます。

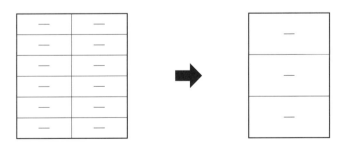

12もある引き出しでは見つけづらい　　　　1段ごとに4つの仕切りで12分類

⑵ ADHD

・整理——優先度で選ぶ

集中しづらく、多動という特性を持つADHD。

ASDの整理で紹介した一般的な分ける作業では、長時間に渡って集中して考える作業が続くため、ADHDのある人には向いていません。

整理しなければいけない多くのモノを前にすると、優先するモノばかりに思えて、一人で多くのモノを選びとってゆくことも、困難を伴います。

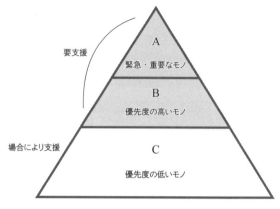

図3-4　モノの優先度のピラミッド

そのため、モノの優先度ピラミッドの緊急・重要なモノ（A）を最優先として選び（参照：可視化プロセス）、収納の定位置を決めます。本人だけで行えない場合は、サポーターが支援をします。

次に優先度の高いモノ（B）を選びます。この対象は「マズローの欲求5段階説」のうちの「生理的欲求」「安全欲求」「社会的欲求」に関わるモノが適切です。

作業時には、サポーターが一緒に進めることが理想です。事前のヒアリングをしっかり行っておくことで、適切な提案をすることが可能となります。

・収納——オープン収納

見えないものが認識しづらい特性は、ASDのある人だけでなく、ADHDのある人にも多く見られる特性です。そのため、収納では隠す収納ではなく、見える収納である「オープン収納」を行います。この際に大切なのは、優先度で選んだ（B）のモノのみオープン収納にする点です。

（C）のモノまで一緒に置くと、早期に元の探し物の毎日に戻ります。優先度の低い（C）は、長時間いる部屋以外の取り出しづらいスペースに箱に収めて入れておきます。いずれこれらを手放せる時期がきたら、「モノの機能と感情マトリクス」（図3-3）などを使って手放しましょう。

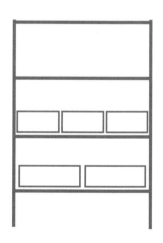

◎ 応用⑴可視化させる

⑴ メソッド

　発達障害者の生活支援において真っ先にあげられる視覚支援。ここでは、住環境の整備という視点から可視化という表現で確認してゆきます。

　一言で可視化と言っても、その対象は空間と時間、そして人が関わってくることで発生するモノとコトに分けられます。そのうちこのパートでは、形のあるモノを対象としてご紹介します。

　可視化には2通りあり、不要なモノを省くという整理の考え方を応用する「見えにくいモノを見えやすくする」方法と、収納にあたる「見えないモノを見えるようにする」方法に分けられます。

・見えにくいモノを見えやすくする

　整理の考えを応用したこのメソッドでは、視界に入っているにもかかわらず対象となるモノをすぐに認識できない状態から意識できる状態に変化させ、視認性を高めます。

　有形のモノが持つ代表的な要素に、色・形・素材があります。そのなかでも、可視化に最も関係が深く視覚支援で配慮する必要がある要素が「色」になります。さらにいえば、日本の伝統色ばかりに囲まれた高度経済成長前の生活とは違い、現代は狭い部屋に様々な色調が溢れています。

　こうした色はそれ自体が刺激となるため、目立たせたい色であるアクセントカラーと、それ以外のベースカラーを決めて空間を作ることが大切です。

・見えないモノを見えるようにする

　収納にあたるこのメソッドでは、目に見えないものが認識しづらいという特性に対応するため、隠れているモノの中身がわかるようにします。

　例えば、中身が見えない整理ダンスは、半透明の収納ケースに変えることで、どのような洋服が入っているか推測できるようになります。

　また、保管に使う中身の見えない箱等は、見える場所にラベルを貼ることで中身がわかるようになります。

　この際も、文字・イラスト・色を使う人に合わせて適切に表示することが必要です。

⑵ プロセス

　可視化のメソッドの次には、モノの優先度ピラミッド（図3-4）と組み合わせた、可視化のプロセスをご紹介します。

　一般的な整理収納での優先順位では、モノの場合は「衣類」「書類」があげられ、スペースから見た場合は「冷蔵庫」「下駄箱」などがあげられます。

しかし、発達障害の特性に配慮して進める場合は、生活の中での優先度を意識して、生活支援であることを忘れずにサポートを行いましょう。

　整理の作業に入る前には、事前のヒアリングで依頼者本人と一緒に気になるモノやスペースを付箋ごとに書き出して並べ替え、優先順位を決めてからスタートするとスムーズです。また、使うスペースに使用頻度の高いモノを収納することが基本となりますので、ストック品も含めた使用頻度の低いモノや、ここで示す優先度の低いモノは、倉庫として使えるスペースにまとめます。

❶ 緊急性・重要度の高いモノを優先する

　(1)文書……障害者手帳／自立支援医療受給者証／更新手続き書類／診察券、等

　(2)お金……通帳／印鑑／現金／クレジットカード、等

　(3)キッチン……衛生の保持に関わるモノ／包丁、等

　グレーゾーンでもADHD特性が強いケースや、障害福祉サービスを受けているようなケースでは、緊急性や重要度が高い対象を最優先にします。理由は、これらの文書管理ができないことで、行政や医療機関で度重ねて再発行の手続きをする必要が生じ、それが自己否定にもつながっているからです。

　また、水道光熱費等のライフラインに関する請求書類を紛失せずに済めば、苦手な金銭管理も計画的な収支の把握へとつながります。

　作業を始めると、家の中のあちらこちらから

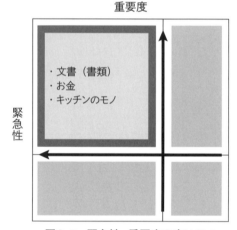

図3-5　緊急性・重要度の高いモノ

通帳や現金が見つかります。こうした生活と切り離すことができないお金も、重要なモノとして定位置管理の対象としてください。ただし、モノの持つ性質から、ご本人だけで定位置を決めていただいた方がいい場合もありますし、本人による管理が難しいと判断した場合は、成年後見制度の利用など、公的支援につなげることも視野に入れましょう。

　(1)(2)のうち外出時に持ち出す頻度が高いモノは、帰宅してから戻しやすいリビング内の玄関からの動線上に定位置を決めると便利です。特性により疲れやすい人が多いため、使用した当日に定位置に戻せないことも想定して、近くにはカバンの定位置も用意し、行動をグループ化しておくとより効果的です。

　そして、これらの行動に集中できるよう、周りの不要な情報による影響を受けないスペースを選ぶことも大切です。定位置となる引き出し等には、大きめのカラーシールを貼るなどして色が目立つようにラベリングします。

　そして、特に子どもが同居している家庭では、刃物類の管理などの安全性の確保や、害

虫の発生を防ぐための衛生の保持にも充分に留意してください。これらは後回しにされがちですが、衛生環境を保証することで子どもが安心して睡眠できるなど、基本的生活習慣の土台となる住環境の安全担保となります。

❷ 優先度の高いモノ

❶の管理ができるようになったら、次に優先度の高いモノを選びます。

前述の通り、ここでは「生理的欲求」「安全欲求」「社会的欲求」に関わるモノが適切となます。このうち、実際に優先されることが多い対象としては「社会的欲求」を満たすための「身支度」に関するモノになります。

日々の遅刻につながりやすい習慣は、就労を含めた地域社会のコミュニティと関わるために予防したい行動だからです。

身支度のモノがまとまったら、個室の出入り口付近に身支度スペースを設けて収めます。一人暮らしの場合は、玄関付近にまとめて収納しても良いでしょう。

身支度には衣類も含まれますが、衣類は多くの人が必要以上に所有しているのが現状です。そのため、「優先度の高いモノ」としては、今の季節で使用頻度の高いモノに絞って選びます。

その他、「生理的欲求」である「睡眠」に関するモノや家具の整備も優先事項にあげられます。睡眠障害は二次障害として頻繁に耳にする疾患です。日中のストレスからくる心理的作用だけでなく、物理的に住環境を整備することで、安心して就寝できるようになる場合もありますので、これらについても丹念なヒアリングと現場の確認を行いましょう。

❸ 優先度の低いモノ

❶❷以外の優先度の低いモノに関しては、場合により支援を行います。

ここに該当するモノには、「モノの機能と感情のマトリクス」（図3-3）の好きで使うモノ（A）や嫌いだけれど使うモノ（B）があるかもしれません。その場合は、使用頻度の高いモノであれば、使う場所に収めます。これらの判断は、事前のヒアリングに基づき、サポーターから本人へ確認して進めましょう。

一言で支援といっても、様々な立場でのサポートが考えられます。

「発達障害住環境サポーター」の個人事業としての支援もあれば、サポーターの知識と資格を有しながらも、福祉の生活支援サービスとしての支援者として伺う場合もあるでしょう。また、ボラン

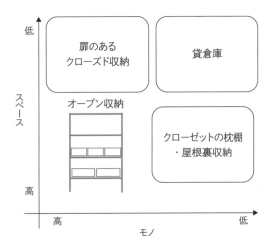

図3-6　モノと収納スペースの相関関係

ティア活動として関わる方もいるかもしれません。

　条件が違えば、対応が可能な範囲も変わりますので、依頼者本人の希望も踏まえつつ、行いましょう。

実例1　子どもの朝の身支度をスムーズにしたい

問題点（困りごと）

　ADDの特性を持つ、男子中学生の事例です。小さいころから忘れ物が多く、また整理整頓が苦手で物の管理が出来ないので、毎日の身支度にも時間がかかっていました。朝、着ていく服や持っていくものが見つからなくて時間がかかって登校時間ぎりぎりになって慌てることもありました。また、家事に追われて忙しい母親の手を止めさせるので、親子共、とてもストレスに感じていました。中学生なので、出来るだけ忘れ物がないように、そして自分だけで身支度が出来るようになる事が目標でした。

解決策（改修・工夫）

　毎日着る服、使うモノは出来る限りまとめてわかりやすく収納しました。引き出しの中も決められた場所に決まったものを収納し、そのルールを崩さなければ混乱しません。

①部活動の朝練で体育着登校するため、ワイシャツは畳んだままで鞄に入れて行きます。その横に目につくように、提出用のプリントなどを置いておきます。そのために引き出しには収納しないで、その上のカウンターに目で見てわかるように浅めのカゴに入れておきます。

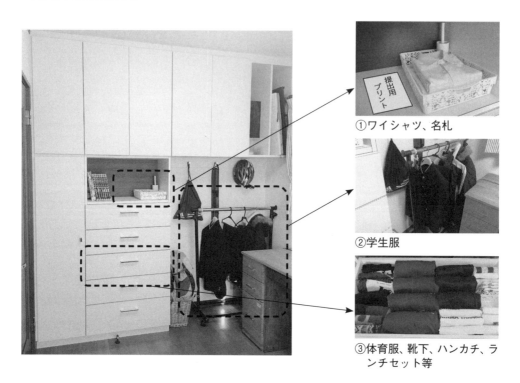

①ワイシャツ、名札

②学生服

③体育服、靴下、ハンカチ、ランチセット等

②学生服は、扉の中にしまわずハンガーラックに掛けておくことで動作が減り時間短縮になりました。

③毎日着る体操着、靴下、タオル、ハンカチなどは、引き出しの同じ段に収納し、迷うことが少なくなり、動作も少なくなったので、効率よくなりました。

※この方法を始めてから、朝、スムーズに身支度ができるようになり、母親に声をかけて家事の手を止めてしまう事もなくなり、親子共にストレスの軽減に繋がりました。

◎ 応用⑵スモールステップで進める

皆さんが自宅の整理収納を行う際には、いきなり整理の作業に取り掛かる人がほとんどだと思います。しかし、第三者のサポートを行う際には、事前のヒアリングを元に、計画的に作業を進めることが基本です。

ヒアリングでは氏名等の基本情報の確認の他に、本人の要望、現在のライフスタイル、診断名や病歴、社会歴、家族歴、住宅に関する情報、等々、サポートに必要な内容を確認します。そして、一旦持ち帰った情報をもとに提案書を作成し、本人と方向性の調整を行います。

そしていよいよ当日を迎えます。ここで注意していただきたいことが、整理収納は魔法ではありませんので、一日で家中が片づくということはまずありません。もちろん、費用をかければ不可能ではありませんが、1人で整理が進められない依頼者本人が、納得できる作業を進めるには、日数が必要であることを知っておきましょう。

発達障害の配慮を必要とするケースでは、こだわりの特性に起因して物を手放すことが難しくなります。そのため、減らす整理ではなく、応用⑴の可視化プロセスでご紹介している整理と収納方法を参考に進めましょう。

作業中は周りからの刺激により意識が散漫になりやすいため、世間話などで話しかけることは避け、伝えるべき必要な内容を考えて声かけを行いましょう。また、ワーキングメモリ（短期記憶）の弱さや、過集中になってしまう特性に配慮するため、「スモールステップ」を意識して進めます。

⑴ 作業中のスモールステップ

❶ 時間を区切る

最初に事前に打ち合わせしておいた作業スケジュールを可視化させておき、改めて伝えます。「今日は10時に始めて15時に終了します。休憩は12時から13時の1時間です」と再確認することで、見通しをつけて安心していただきます。作業中には、疲れやすさや季節などに応じて、

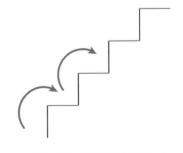

達成しやすい到達地点を設定し、それを繰り返しながら前進してゆく

1時間毎に水分補給を促します。また、過集中を避けるため、タイマーも活用しましょう。長時間の作業が難しい場合は、15分や1時間から始めるなど、柔軟に対応しましょう。

❷ スペースを区切る

　無理なく作業を行うため、対象となるスペースは達成可能な範囲にします。慣れないうちは、引き出し1段でも良いでしょう。成功体験を身につけ、徐々に範囲を広げて行きます。

(2) 習慣化を見越したサポート

　日常生活の無理のない習慣化のための収納の提案にも、スモールステップを応用します。

　ご本人の体調や行動を考慮して作業工程を細分化し、スモールステップを前提とした仕組みづくりを提案します。

　動線上の工程を区切る時には、生理的欲求（排泄、食事、睡眠）に関わるスペースやそのスペースへの動線上に対象となるモノを置くことがポイントです。

(3) 特性に合わせた整理収納プロセス

　整理収納の進め方には、サポーターの指導によって本人に必要な作業だけをしていただく方法だけでなく、本人が主体的に整理収納を進めたいという場合があります。その場合は、ここで紹介するプロセスシートを用います。

　しっかりモノを減らして整理をし、グルーピングや計測、その他の様々な情報を総合的に考えて収納を行う一般的な整

図3-7　発達障害者向け整理収納プロセスシート

理収納の手順は、ADHD特性の強い人には難しい作業です。そのため現場ですぐに説明できて、本人も流れが把握しやすい「発達障害者向け整理収納プロセスシート」（図3-7）を用意します。

　このシートでは、スモールステップの考え方をもとに、作業のグループを「整理」「収納」と大きく分けており、さらにその中で、場所を意味する「Where」と、方法を意味する「How」が繰り返されています。

整理

　①Where「残す・手放す」…モノを家の中に残すのか、家の外に出して手放す

　②How「グルーピング」…モノをなんらかの基準によって、グループ化する

収納

　③Where「スペース」…部屋又は、部屋の中のスペース、家具等、置くスペースを決める

　④How「収納用品」…カゴや引き出し、箱など、収めて使う場所を具体化する

　このシートに沿ってプロセスを説明した後、次のページで説明する写真を活用して進めます。

■実例2 DIYでの工夫──先延ばしや段取りの悪さを解消したい

問題点（困りごと）

　40代の主婦です。家事や仕事の優先順位がつけられず、大事なことが後回しになることも多く、困っていました。パートをやめて時間の余裕が出来ても、食事の時間にご飯が炊けていなかったり、洗濯物を干し忘れたり、取り込まなかったりすることもしょっちゅうだったので、手帳を持ち歩いたり、ホワイトボードに書いたり、スマホのアプリでスケジュール管理をしたりタイマーを利用したり、自分なりに様々な工夫をしてきました。それでも、書いたものを確認することや、アラームをセットするのを忘れたりしてうまくいきませんでした。

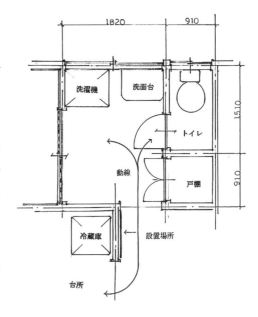

解決策（改修・工夫）

　冷蔵庫が置いてある台所の入り口と、トイレ、洗面所、浴室といった生理的欲求に関わる動線上の壁に、プレート掛けを設置しました。掛けてあるプレート一枚一枚に優先順位を決めた自分なりのルーチンが記入してあり、1つの作業が出来るたびにプレートをひっくり返すことで終わったことが確認できます。

生活する上で欠かせない、基本的な作業の身支度（化粧や着替えも）、カバンの中身のチェック。食事に関する炊飯、味噌汁を中心に野菜を必ず取るための野菜プレート。そして、風呂を沸かす、掃除する、洗濯をする、乾かす作業といった、先延ばしできない作業名が書いてあります。端から順番に優先順位の高いものが掛けてあるので、時間のある時には、１つの作業が出来た後に甘いモノを１つ口に入れたりして、続けるモチベーションを上げる工夫もしています。

　１日に何度も通る場所なので、忘れてもそのたびに思い出すことが出来、ひっくり返っていなければ、まだできていないことが目で見てわかるので、時間がかかっても大事な作業をし忘れることがなくなりました。壁に掛けてあっても邪魔にならない白のプレート掛けに丸い白のプレートをかけたので、目に入った時のストレスは感じずにすんでいます。

◎ 応用(3)客観的な視点をもつ

　作業を進めるにあたっては、依頼者本人の合意のもと、写真をこまめに撮ることをお勧めします。理由は、サポーターの仕事上の進捗管理に必要なこともももちろん挙げられますが、写真という二次元にすることで依頼者本人に見慣れた風景を客観的に捉えてもらうことで作業が進めやすく

1. Before写真を撮る
2. 目標をイメージする
3. スモールステップで取り組む
4. After写真を撮る
5. 比べてほめる

なったり、整理収納前後を比較して本人に確認してもらうことで成功体験として自己肯定に繋げられるという利点があります。

(1) 提案書作成や進捗管理に使う場合

　サポートを行う一般的な手順は、前述の通り、ヒアリング後に提案書を作成して調整してから作業をスタートしますが、可視化プロセスの段階が進むにしたがって、図面等のより具体的な提案が求められます。そのため、具体的な提案書を作成するための視覚的な情報として、対象となる部屋の全体写真やスペースごとの写真、引出しの中等を撮影します。

　作業を進める各段階においても、スペースごとや日付ごと等、記録として撮影します。

(2) 自己肯定感を高めるための活用

　作業期間が１年、２年といった長期に渡る場合には、依頼者も最初の部屋の状況を忘れてしまいがちです。サポーターが客観的な視点からお伝えする評価とは裏腹に、思ったほど自己肯定感を高められないこともあります。そうした時には、最初の訪問で撮影した部屋の様子と現在を見比べていただき、成功体験の実感を高め、自己肯定感につなげます。

(3) 本人が主体的に作業を行う場合

　次に、「発達障害者向け整理収納プロセスシート」（図3-7）を使って、本人が主体的に作業を行う場合の活用方法をご紹介します。こちらは、本書のコラムも執筆協力された当事者会代表者が独自に考えた方法にプロセスシートを組み込んだ内容になります。

　目の前に広がるモノに溢れかえったスペースも、写真に撮ることでマイナス感情に一線を引き、客観視ができるようになります。これに余白をつけて印刷し、プロセスシートに沿って何をどのスペースに移動させるか等、書き込むことで、作業を可視化させてから取り組むことができます。

　場合によっては、写真の撮影を依頼者本人に促しても良いでしょう。いつも携帯しているスマートフォンなどで、作業のBefore/Afterを撮ると写真を目にする頻度が高くなります。そうすることで、住環境に対する意識が高まると同時に、作業にも継続してより主体的に取り組んでもらうことができるようになります。

　自室の写真を撮ることは、ある種、自分の姿を鏡で見ることと同じです。私たちは、日々、自分自身を外側から見ることで自分の表情を確認し、髪が整っているか、服装の印象は良いかを意識します。そして、少しずつ理想の自分に近づいて行こうと努力するのです。

　このように自分自身や自室、または自分の家を客観的に見る習慣をつけることで、感情の渦に巻き込まれにくい思考へと少しずつ変化してゆくように思います。

当事者会〜快適な環境を手に入れるためには

　発達障害の特性はいろいろあります。自分の物の管理ができない、大事な物を無くす、忘れてしまうといった特性は家庭や職場で問題になり、社会生活に支障をきたします。発達障害をもつ人にとって「片づけ」は永遠のテーマです。私は、『片づけられない女たち』という大人のADHDの本を読んだことがきっかけで診断を受け、それまで努力が足りない、怠けているから片づけができないと思っていたことが、違うとわかってほっとしました。そして同じような人がたくさんいると知り、2002年にADHDの自助グループを立ち上げました。

　まず、仲間と一緒にはじめたのが「片づけ勉強会」でした。自分たちは何故片づけられないのかを話し合い、どうすれば自分で片づけができるようになるのかとアイデアを持ち寄り、お互いの家の片づけを手伝いました。その頃は「片づけ」さえできるようになれば、悩みが減って人生がうまくいくのではないかと思っていました。しかし、そうではありませんでした。「片づいている部屋」の具体的なイメージがないまま、モデルルームのような家をめざして強迫的に片づけても終わりません。世間一般の「片づいた家」は、必ずしも暮らしやすい家ではありません。大事なのは周りの基準に合わせることではなく、自分が快適に生きていけるスペースを創っていくということなのだと気づきました。

　片づけ問題が解決したことで、お金の管理ができないこと、昔の傷ついた出来事、放置された人間関係など別の問題が見えてしまい、余計にしんどくなった人もいました。そこで、「片づけ」に取り組む前に、こころの整理をすることにしました。コラージュのワークを通して自分にとって快適な空間とはなにかを考えていきました。以前は片づけができない人間は何をやってもダメなのだという強烈な思い込みや、些細なことにこだわりすぎて先に進めなくなっていましたが、こころの整理をする過程で、他の人と同じようにできなくてもいいと思えるようになり、気持ちが楽になりました。

　当事者が自分にあう快適な環境を手に入れるために、自分の特性を知り、それに合った物の管理の方法を知ることが大切です。それには1人だけで頑張らずに、相談できる人や支援機関を探すこと。そして仲間と情報や生活スキルを共有することで、より楽しい発達凸凹ライフを送れるのではないでしょうか。

協力：NPO法人DDAC（発達障害をもつ大人の会）

Lesson4 習慣化

皆さんは基本的生活習慣と聞くと、どのような習慣をイメージしますか？

一般的には、就学前の幼児期に身につける習慣として、食事・睡眠・排泄・清潔・衣服の着脱、が挙げられています。

基本的生活習慣

(1)食事……栄養補給とコミュニケーションのため

(2)睡眠……心身の疲労回復や人の成長、発達の基礎となる

(3)排泄……日常の生活や人間性の育成において大切

(4)清潔……身体の保護や健康増進だけでなく、社会生活にもつながる

(5)衣服の着脱……寒暖の調整や身体の保護、自己表現につながる

人の生命を維持する観点から、生理的欲求にあたる(1)食事(2)睡眠(3)排泄、はなによりも欠かせない習慣になります。次の(4)清潔については、手を洗うなど安全面から大切です。そして最後が、生物学的なヒトが人である由来となる(5)衣服の着脱となります。

本書のテーマの整理収納は、(4)清潔を屋内で維持するために、物の多い現代社会においては外せない習慣といえます。清潔を維持するためには、掃除がしやすい必要があり、掃除をしやすくするためには、片づけ（定位置管理）がしやすい必要があります。

このテキストでは、主に大人の発達障害やそれを取り巻くグレーゾーンの人たちを対象として話を進めてきましたが、大人になってから片づけの習慣を身につけるのは、非常に困難を伴います。

片づけを子どもの頃から習慣として身につけ、維持しやすい仕組みにつなげるには、どのような観点が必要なのでしょうか。

◎ 5つの行動習慣

暮らしデザイン研究所では、これまで小学生から高齢者まで、様々な年齢のグレーゾーン・発達障害児者と関わってきました。その経験から片づけの習慣化を目指して「見倣う」「法則に沿う」「数える」「予測する」「印をつける」の5つを成長と共に身につけて欲しい行動習慣として提唱しています。

⑴ 見倣う

・親の行動を模倣する

　哺乳類がこの世に生命を受けて動き出す時、最初に行うことが親の行動の模倣です。親の行動を見て思考を働かせてから真似る（習う）のではなく、「見倣う」はその対象と同じように行動することです。

　子どもが片づけができないという相談を受けてご自宅に伺うと、子ども部屋だけでなく、親が管理しているはずのリビングも散乱しているというケースが多々あります。

　物が増える原因となる消費行動や、その後の物の扱い方、メンテナンスの様子、また、日々繰り返される定位置管理も、子どもは親の行動を幼い頃から見倣い、成長するに従って、見て習うことを覚え、自分なりの方法を見つけ出してゆくのです。

　とはいえ、親の片づけへの苦手意識がどうしてもなくならない場合もあるでしょう。そうした場合は、片づけが得意な親類や近隣の人の家で、子どもがその人の習慣から見倣える環境をつくりましょう。

　ADHD傾向の母のもとで育った私も、近くに暮らす祖母や叔母の家の様子を頻繁に見ることで、また会話に出てくる片づけの小さなコツを様々に聞くことで成長しました。

　子どもが多世代の様々な人と交流し、見倣える環境をつくることも、親の大切な役割ではないでしょうか。

⑵ 法則性に沿う

・整理収納は、基準やルールの法則づくり

　多くの人は子どもの頃、靴を脱いだら『揃える』ことを親から見倣い、またしつけも受けたと思います。

　私は片づけを仕事とするようになり、後に発達障害分野に関わるようになってから、この当たり前のように身についた習慣が、片づけの根幹となる行動であることを強く意識するようになりました。

　なぜなら、この揃えることへの意識は他の経験と重なり合い、生活のなかで広がりを見せ、様々な場面に応用されてゆくことに気づいたからです。

　最初は形の違う靴を左、右とに置くことを覚えます。これを逆に置いてそのまま履き、足に添わず「履きづらい」という経験を通して、左の靴は左に、右の靴は右に置き、2つを揃えておくと自分が履きやすい、と覚えます。次に意識するのは、シリーズものの児童書等の背表紙にある巻数を揃えることでしょうか。私たちはここで、揃える根拠である『法則性』を見出すようになります。さらには、就学により先生から渡されたプリントを手にして、表と裏、上と下を揃えると読みやすく探しやすいと気づきます。

　それぞれを経験する段階では無意識にしていることでも、もとをたどれば、靴を「揃え

る」という一つの行動により引き出された行動だと考えられます。そして、その応用となる目の前にある物事の中に法則性を見出す意識と能力は、成長するに伴い、また社会に出てから、幅広い場面での応用につながるのです。

⑶ 数える
・数値化して具体的にする

　発達障害の中でも特にADHDのある人からは、よく「忘れ物が多い」という話を耳にします。これは、出かける支度をする時間に、ワーキングメモリーの弱さにより作業がスムーズにできなかったり、時間の読みの甘さから、まだ時間があると考えてのんびり支度をしていたら出発時間を過ぎてしまい、結局、慌てて家を飛び出す、というような背景があります。

　時間の読みの甘さにつながる原因は、例えば身支度にどのくらい時間がかかるかを意識したことがないため、時間という量への意識が弱いことが挙げられます。時に短い時間で身支度できた経験があると、最短時間で行動を見積もってしまいます。このため、時間の見積もりは最短時間や平均時間ではなく、最長時間で見積もることが大切です。スケジュール帳も面で視覚的に捉えられるタイプを使いましょう。

　また出かけた先で傘を忘れてきた、荷物を袋ごと忘れてしまった、という経験をされる人もいますね。こうした場合は、量を意識する習慣をつけることが有効です。例えば、モノの場合は数を数えます。出先で荷物を忘れてしまうのを防ぐには、その日に持って出た手荷物の数を覚えておき、電車やレストランの席を立ったら、手にしている荷物を数えて、忘れ物がないかを確認します。

⑷ 予測する
・見通しをつける

　「見通し」をつけることの大切さは、発達障害の分野で学ぶ人にとっての基本といえるでしょう。

　時間の予定を示すことで、人は安心してその場で時間を過ごすことができます。場合によっては、どのようなことを行うのかについて文字だけでなくイラストを用いると、より直感的にわかりやすくなります。

　また、昔から「木を見て森を見ず」という諺にもあるように、全体をイメージすることが苦手な発達障害の傾向のある人にとっては、時間的なスケジュールだけでなく、コトについても意識して工夫する必要があります。

　特に、ASDのある人は、目的や理由を明確にすることで、納得して前に進むことができます。

3

発達障害の特性に配慮した整理収納

家庭という毎日繰り返されるルーチンワークの割合が高い場においては、慣れた行動のため安心して取り組めますが、イレギュラーな作業が発生しやすい職場においては、こうしたことを習慣にできる仕組みを作ることが必要です。

　「Aという作業をしておいて」というだけの指示ではなく、「それはBという目的のために必要だ」という意図を伝えます。その際には、ホワイトボードや紙に図形で単純化させて説明しましょう。

・人の心理を読む

　その人の行動を予測しながら、またモノの配置を考慮しながら習慣につなげることは、特に住環境整備の提案段階において重要な項目です。

　帰宅した後、自室のドアを開けてカバンをどこに置くのか。上着を掛けるハンガーはどこにどのような収納で用意するのが良いのか。

　カバンの置き場所一つを取っても、これらを導き出すには、帰宅の時間帯やその時間帯の光源や空間のサイズ、対象者の身長、利き手、家具の高さ、耐荷重、普段使っているカバンの大きさ、重さ等を総合的に判断する必要があります。

　これらの点と点を動線として繋げ、図面に描き出すことで動線に問題がないかどうかを確認します。

　また、この行動に集中させやすいよう視線の動きを予測して、視覚の刺激になりやすいモノは自室から除いておいたり、カラーの数を抑えておくことも必要です。

(5) 印をつける

・可視化メソッドの一つ「見えないモノを見えるようにする」

　行動習慣を促す『印』の広く知られた例として、小学校のチャイムがあります。授業の区切りに聞こえてくるこのチャイムは、目に見えない時間に対して、印（区切り）を付けているといえます。

　時間や空間、モノやコトに対して、視覚だけでなく聴覚や時には嗅覚への効果も考えて、意図的に印を用いることで効果的な行動習慣につなげることが可能となります。

　モノを収める収納における代表的な例としては、引き出しに貼るラベリングがあります。この誰でも知っているラベリングにも、様々な工夫が考えられます。例えば、一般的には文字で「靴下」と書くことをイメージされると思いますが、靴下の「イラスト」の方が効果的な場合もあります。またライフスタイルによっては、「白い靴下」と「紺色の靴下」を分ける必要があれば、ラベリングにカラーシールを使うことも良いでしょう。場合によっては、数字を一緒に表示することで、身支度の順番を促すこともできますね。

　また、モノの収納でもう一つ必要なのは、「区切る」という考え方です。枠を設けることで、量をコントロールすることができます。衣類であればハンガーの数を決めるとか、

畳んでから収める衣類は、ライフスタイルから導き出した適正量で引き出しの大きさを決め、そこに入らないものは手放す、というように応用できます。

5つの行動習慣テーブル

No.	行動	詳細	有形 視覚的なコントロールをする 建物内の空間	物（色・形・素材）	無形 可視化する（視覚・聴覚・嗅覚） 時間	コト
1	見倣う					・目標にしたい人と同じようにする（生物学的模倣）
2	法則性に沿う		・等間隔の配置 ・同じパターンを繰り返す	・揃える ・向きを揃える（書類の表裏、上下、右左） ・統一する ・パターン化（洋服をセットで用意）	・毎週○曜日 ・毎年	・ルールを守る ・ルーチンワークにする ・習慣化（慣れる） ・行動のグルーピング
3	数える		・計測	・外出時に手荷物の数を数える ・アイテムごとの数を数える ・適正量を決める ・全体量を把握する	・時計	・優先順位を決める ・アクション数を数える
4	予測する（俯瞰する）	見通し 狭い	・部屋の収納マップ		・1日のスケジュール	・付箋に書き出す
		見通し 中間			・スケジュール帳 ・カレンダー	
		見通し 広い	・自宅内マップ		・年間計画	
		人の心理を読む	・視線の動き ・動作 ・動線（次の行動を予測する）	・動作、動線を考慮した配置	・行動	・アクション数を適切にする ・刺激数を抑える
5	印をつける	点（・）	・色を使う	・ラベリング（イラスト、文字、数字） ・色を使う ・形を使う（2つの形を合致させる）	・色を使う ・タイマー、アラームの利用 ・音楽	
		線（——）	・境界線を引く ・線を引く	・使用頻度でグルーピング ・使う目的でグルーピング ・色分け		
		面・立体（□）	・部屋ごとの目的を決める ・安心して休憩できる場所の確保	・収納用品 ・枠を設ける		

学齢期におけるサポートを中心にした〈入門編〉

　このテキストを用いた〈基礎研修〉は大人の支援を想定したものですが、暮らしデザイン研究所は2時間のプログラム〈入門編〉も実施しています。〈入門編〉では基礎理論を応用して、学齢期の子どもたちに向けたサポート目標を以下のように標記しています。

〈成長段階ごとの目標〉

　小学生　教科書などの学校への持ち物が管理できることを目指しましょう

　中学生　持ち帰るプリントや、自分の衣類の管理を目指しましょう

　高校生　日々のスケジュールを可視化して、時間の管理を行いましょう

　大学生　個人所有のモノは自分でしっかり管理しましょう

　社会人　家族共有のモノや家事用品も管理することを目指します

　それぞれの目標の設定にあたっては、学校からの研修や講演依頼を通して、大学入学が今後の人生につながる大きな節目になっているという点を軸に構成しています。

　具体的には、近年の大学教職員からの声として、障害認定を受けていないグレーゾーンの学生への支援に困っており、入学直後に各自で行う履修登録ができないまま留年や退学につながるケースが増えているという内容があります。

　その一方、その手前の高校においては、忘れ物が多い等々の背景から、視覚支援としてのプリント配布が非常に増えてきているという現状を聞きます。

　こうした現在進行形の課題を元に作成した内容がこの入門編です。

　大別すると、小学生から中学生では、「モノ」の整理収納を身につけ、高校で「コト」の管理に取り組みます。こうした段階を踏むことで、大学生になった時には自分の身の回りのことを総合的に判断して生活できることを目指します。

　考えてみれば、大人になり家族と共に暮らすようになり、自分のモノだけでなく家族共有のモノ、そして家事用品から子どものモノまでを把握して管理するというのは、整理収納が苦手な人にとっては大変なことです。

　なぜなら、体を動かす労力で解決できることではなく、モノの総量やモノに付随する様々な情報を総合的に把握して管理することは、思考力や空間認識能力を常に働かせる必要があるからです。

　自分が把握できるキャパシティを成長に合わせて段階的に認識してゆくためにも、子どもの頃からの行動習慣に取り組むことをお勧めします。

4 ウェルネス指向のポジティブ心理学

ウェルネス指向のポジティブ心理学

① 毎日を幸せに過ごすコツ（ウェルネス指向の紹介）

　発達障害のある人が生活を送る姿に、あなたは最初に何を思い浮かべるでしょうか。恐らく大半の人が、発達障害という言葉のもつネガティブなイメージを通して、障害者が生活する上で抱えているさまざまな支障や問題点を思い浮かべるでしょう。これは、障害者をとらえる視点として、障害という言葉の中にあるネガティブな要素をイメージフィルターに用いて、障害者の生活する姿を常に解釈しているからです。ちょっと視点を変えてみましょう。

　まず、抱える問題は誰もが解決しなければならないのだという視点ではなく、現状へのあるがままの姿勢を意識できることです。しかし、あるがままの姿勢であろうと、ネガティブな面を積極的に受け入れることは、実際は容易ではありません。そこで発想の転換です。抱える問題点を見つけ、解決するといった従来の方向（問題解決指向）から、少しでも良い所を見つけ、伸ばすといった方向（ウェルネス指向）への発想転換です。

② ウェルネス指向の基本的視点

　同じ状況でも視点が異なると認識は大きく異なります。例えば、大好きな飲み物がコップに４分の１ほど入っている状況に対して、「あー、あと４分の１しか残っていないのか」ととらえるか、「よし、まだ４分の１は残っているぞ」ととらえるか、ここには客観的な評価よりむしろ主観的解釈のほうが大きい。この主観的解釈にウェルネス指向が関与しています。自分のおかれた状況に良い所を見つけていくのがウェルネス指向です。

　病気や問題を抱えた状況における、自分あるいは他者のとらえ方を見てみましょう。図5-1を見てください。右側の視点は、病気や問題を抱えた人に対して病人とか問題のある人という全体評価です。これは、障害を持つ障害者、疾患を持つ病人、試験に落ちた落第者など、個人の持つ「問題な」点でフィルターをかけ、そこから全体評価をする視点です。一方、左側の視点は、人が病気や問題を抱えていて

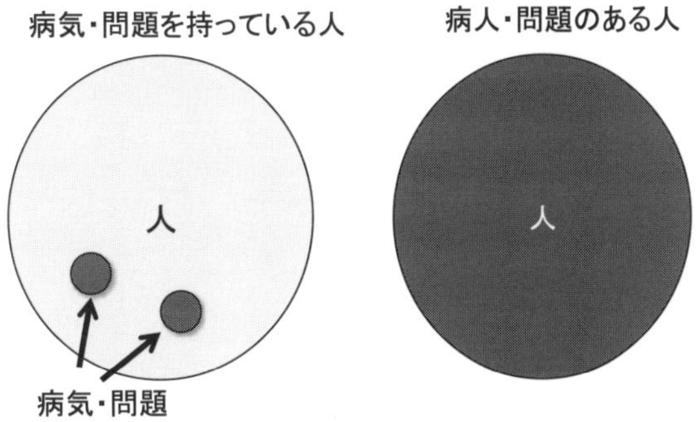

図4-1　病気・問題の捉え方

も他の側面に目を向け、特に強みや才能を見いだす方向性です。

図5-2にあるように、右側の視点では、個人の特性として強みや才能を持っていても問題のある人という全体評価をすると、強みや才能に気づきにくい。特に、常にこうした視点で自己評価していると、病気や問題点にこだわり、「自分はだめな

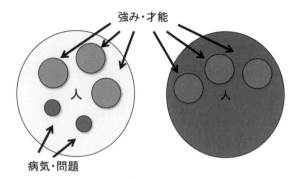

図4-2　病気・問題の捉え方

人間だ」といった自己否定からうつ状態にはまります。左側の視点に気づくと、自己の持つ強みや才能を磨くことが重視され、成長していくことにも気づくようになります。こうした過程の中で、抱えていた病気や問題点が自分の人生にとって相対的に小さくなり、解決の優先順位も低くなっていくのです。

③ 木を見て森を見ずになるな！

原因の究明と解決、早期発見、難治症例の克服が、医療者の最大の目標であることは、誰もが認めることでしょう。しかし、いつもこうした視点で物事をとらえていると、病気は見えても、「人」としての全体像が見えなくなってきます。病気ばかり治療していて、人の治療にはなっていないということも起こります。

病気といった要素をとらえる視点（木を見る）は、人といった全体をとらえる視点（森を見る）と相対的なものです。これはネガティブ指向とウェルネス指向でも同様です。ここには、バランスが重要であり、ポジティブ心理学からも1：3の黄金比が人生の成功に必要であることが実証されています。

一見すると、病気や問題のある人（例：認知症や発達障害、うつ病など）でも、彼らの抱えているのは病気や問題のみではないことが自然に見えてきます。強みや才能といった、病気や問題の陰に隠れて、他者や本人がまだ気づいていない特性も多くあります。こうした強みや才能に自らが気づき、磨きをかけることから、成長が可能となります。

こうした自らの強みや才能に気づかせ、磨きをかける場が、まさに毎日の日常生活の時間と空間、対人関係です。人が自分の才能を伸ばし、強みに磨きをかけている時は、自分の問題点・欠点の修正に時間をかけていることに比して、明らかに楽しく、やりがいを感じる。これこそが一生懸命になれることであり、生きる楽しさへの目覚めです。生きる楽しさを実感できることから人生目標へのモチベーションが高められるのです。そして、好奇心を高め、元気を出し、毎日を楽しく過ごすことへとつながります。コミュニケーションの中で他者との協調性や絆を築くことにもつながります。こうした方向性から、自己特

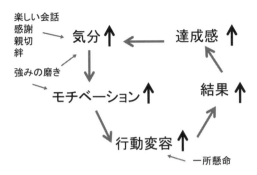

楽しい会話
感謝
親切
絆 → 気分↑ ← 達成感↑

強みの磨き

モチベーション↑ 結果↑

行動変容↑

一所懸命

図4-3　気分・意欲の向上メカニズム

性（強み等）をつかみ、チャレンジ精神を磨き、生きる夢を膨らませることになるのです。

　それでは実際に、毎日の日常生活の中でどのようにウェルネス指向を目覚めさせるか？　ウェルネス指向を伸ばすためのメカニズムを図5-3に示します。

　何かをきっかけに気分が良くなると、「よし、だったらやってみるか」という

モチベーションを高めます。それによって気分良く行動に移ることになります。行動すると必ずその結果が生まれ、その結果を振り返り、「よし、やれた」という達成感が得られます。達成感の向上からますます気分が良くなり、次のモチベーションに至るのです。

　では、どのようなきっかけからこのメカニズムに入るのか？　そのきっかけは身近な日常生活における時間と空間、対人関係の中にあります。図5-3に示すように、楽しい会話をすることや自分の強みに気づくこと、感謝をし、親切をする、絆を拡大することなどで気分やモチベーションを高めます。また、一所懸命に行動することからも可能です。

　こうしたウェルネス指向を伸ばすための実践プログラムを紹介します。

④　ウェルネス指向の実践プログラム（ポジティブ心理学入門書より）

(1)ウェルネス指向を知ろう

(2)楽しい会話で自然に笑顔になろう

(3)自分の強みに気づき、伸ばそう（自己再発見）

(4)一生懸命夢中になれる行動に気づき、実行しよう

(5)感謝ワーク

(6)他者への無欲な親切

(7)目標と価値観の明確化

(8)自己評価と自己肯定（自分を好きになること）

(9)人との絆からコミュニケーション（社会的ネットワーク）の拡大

　このウェルネス指向の実践プログラムの詳細は、ポジティブ心理学入門書『幸せはあなたのまわりにある　ポジティブ思考のための実践ガイドブック』(須賀英道、金剛出版)にわかりやすく解説されています。日常生活での中で誰もが毎日体験していることから活用できるようになっています。ぜひ、お読みください。きっと、目の前が一気に開けてくるでしょう。

ここでは、実践プログラムの一部をご紹介しますので参考にして下さい。

　日常生活の中で毎日必ず体験していることから、ごく自然にウェルネス指向に流れていける手法の１つです。

＊楽しい会話で自然に笑顔になろう

　会話をしているうちに気分が上がってきて、自然に笑顔が出てくるのは、実はそんなに難しくはありません。次のような手順で必ず笑顔に満ちた会話になってきます。

⑴会話は２人で始める

⑵キャッチボールをしよう

　あなたが相手と２人で会話をしていることを想定してください。お互いに会話を気分よく、長く続けるにはどうしたらいいでしょうか？

　会話をキャッチボールのようにイメージするととてもわかりやすいです。つまり、相手に投げるボールは相手の取りやすい所に投げ、相手もこちらに取りやすいボールを投げる、このパターンを続けることです。相手の取りやすい所とは、相手の興味を持つ話題です。そして、相手もあなたの興味ある話題を返すことで会話となります。では、相互に興味ある話題を続けていくにはどうしたらいいでしょうか？

⑶お互いの共通点を見つけ、会話のテーマにする

　お互いの共通点にほかなりません。お互いの共通点を模索しつつ会話を広げて行くのです。ここで、相手の興味ない話題を話しだしたらどうなるでしょうか。キャッチボールでは相手の取れない方向にボールを投げているようなもので、最初のうちはボールを取りに動いてくれていても、そのうち疲れてやめることになります。

　同様に、一方的に自分の話したいことを続けるとどうなるか。ボールを連続して相手に投げつけるようなもので、キャッチボール終了となるでしょう。お互いに会話を気分よく、長く続けるには、こうしてキャッチボールを意識しながら行うことがコツなのです。

　それでは会話においてお互いの共通点を見つけ、広げていくとどうなるでしょうか？

　お互いの共通点を知って得られるものは、連帯感、親近感です。互いに興味もつものへの共感から生まれます。さらにより深く共通点の擦り合わせを行い、自分に足りない部分を補ったり、次のステップのヒントにするようになります。そして、単に知識の充足だけでなく、「一緒にやろうか」という共同モチベーションから次の行動にもつながるのです。

⑷ポジティブな言葉を使おう

　ある状況にいて、「うーん、しんどいなあ。大変だな。困ったもんだ。これは難しいなあ」

という言葉が出てくるか、「うん、ナイスだ。面白そうだ。よし、やれるぞ」という言葉が出るかは、どちらの言葉を使い慣れているからでしょう。なかなか使わない言葉は、すっと出てきません。ポジティブな言葉を使い慣れてくると、会話の中でどんどん出てくるようになります。相槌を打つ時に、「それはいいねー」「素晴らしいね」「素敵だわ」と返すことができ、相手からの提案にも、「そうね、やってみるわ」「了解です」と肯定することができます。

⑸肯定しよう

　普段の会話で、相手に言われことに対していつも、「いやー」「でもー」と否定していては、気分は上がりません。気分を上げていくには、「それはいいですね」とまず相手を肯定することから入ることです。

　例えば、「このあと、お茶でも一緒にどうですか」と、提案します。相手は、「それはいいですね。ちょっとお腹も空いたし、一緒に食事でもどうですか」あなたは、「食事ですか、いいですね。だったら、Aさんや、Bさんも誘ってみましょうか。みんなで行きましょう」となります。

　最初に否定すると、「みんなで行こう」までの会話の展開とはなりません。会話の展開を膨らませるには、相互に肯定の相槌を入れることなのです。

⑹将来の可能性についての話題にしよう

　普段の会話で、現在抱えている問題ばかり話していては気分が上がりません。誰かに自分の抱える問題を話したくなることもありますが、いつも会話にこうした問題の吐き出し口を求めていては、気分は向上しません。興味・関心が共通していることで、今後できそうなことを話題にし、お互いに自分たちの考えを述べ、希望を高めるのです。こうした将来の可能性について双方が会話を進めていると気分は向上し、会話の視野も広くなっていきます。

⑺自然な笑顔とジェスチャーでコミュニケーションをしよう

　⑴から⑹までの簡単な手法を意識しながら会話を進めていると、言葉のやり取りだけでなく、ジェスチャーや言葉の抑揚も加わり、会話に弾みが出て、自然に表情が笑顔になっていきます。例えば、休日に家族や友人と楽しく過ごすことを話題にして、会話相手と話してみましょう。きっと、普段は気づかなかった笑顔が見られるでしょう。

⑻相手の良い点に気づき、相手をほめよう

　お互いに笑顔で話し出せたら成功です。次は、会話相手の持つ良い点に気づいて、そこ

を「ほめる」ことです。ほめられると相手の気分は向上し、何とかお返しをしようとしてきます。そして、自分の中に相手が良いと気づいた点をほめ返してくれるのです。図5-4に示すように、相互に良い点をほめ合うと、照れくさくはあっても、楽しくなるでしょう。

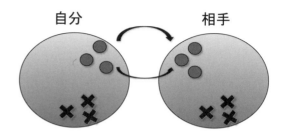

図4-4　相手のいいところに気づく会話

　こうして、相手の良い点に気づくという視点でみていると、相手が結構自分の良い点を指摘してくれていることにも気づくようになります。自分の良い点とは強みです。例えば、気さくさとか、優しさ、我慢強さ、思いやり、親切心、好奇心、家族愛など、限りないほどの言葉がありますが、客観的な指標で計れるものではありません。主観的に自らが言葉で意識することで自覚できるのが自分の強みなのです。

＊自分の強みに気づき、伸ばそう（自己再発見）

　自分の強みに気づくことはとても重要で、その強みを活かして実行してみることです。強みを活かして実行すること、つまり、強みを伸ばす行動は、苦手なことを克服する行動とは異なり、気分良く行動に打ち込むことができ、その成果もでやすい。その成果を実感できれば自信につながります。

　自己の強みの気づきは、会話の中で相手の良い点に気づくような習慣化が備われば、自分の振り返りによっても気づけるようになります。特に、振り返りの中で、最近あったことの中から楽しかったことを想起することです。そして、自分の強みがどのように関わり、どのように楽しかったかを想起することで、強みが活かされたことが認識されるのです。

　そして、気づいた強みをノート（自己発見のための強みノート）に書き出すのも重要です。強みとは、加齢によって衰えを示す才能とは異なり、気づくことによって蓄積していくことができます。自分の強みを蓄積していくことで、年をとるごとに自分が成長していくことが実感できるのです。

　このように、身近な会話の手法で気分良く日常生活を過ごし、自分の強みに気づき伸ばしていくことは、いつからでも気軽にできるのです。

5 サポーター活動の基礎知識

1. 地域連携「発達障害者支援の充実を目指して」

　地域における発達障害の支援の一例として、大学を中心として発達障害のある学生の支援を目的に異業種のネットワークを構築したケースと、発達障害者の就労移行支援事業所のオープンカフェ事業を紹介し、地域内の関係機関の連携が求められるようになった具体例を紹介します。

　平成29年に厚生労働省「我が事・丸ごと」地域共生社会実現本部が作成した「地域共生社会」の実現に向けて（当面の改革工程）において、

```
（「地域共生社会」の目指すもの）
　「地域共生社会」とは、制度・分野ごとの『縦割り』や「支え手」「受け手」という関係を
超えて、地域住民や地域の多様な主体が『我が事』として参画し、人と人、人と資源が世代
や分野を超えて『丸ごと』つながることで、住民一人ひとりの暮らしと生きがい、地域をと
もに創っていく社会を目指すものである。
```

としており、官民の縦割りを超えて、分野横断的な連携づくりを目指すことが必要とされています。

　全国に先駆け、関西において大学の障害学生の支援部門を中心として医療機関（精神科）、就労支援事業者、当事者会・親の会、そして生活支援NPOである暮らしデザイン研究所も参加してネットワークを構築し、発達障害のある学生への支援活動を開始しています。

　これまでは各分野内での連携は行われてきましたが、分野を超えての連携は進んでいませんでした。お互いに発達障害の支援に関わる位置にありながらも、医療機関と就労支援機関、大学と生活支援NPO法人などは接点が極めて少なかったと言えます。現在は、「関西学生発達障害支援ネットワーク」として活動を開始し、大学や医療関係者、市民、当事者、保護者、支援者に向け

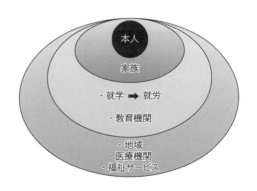

図5-1　多角支援におけるネットワーク

て情報発信・提供の場としてシンポジウムや、発達障害に関する研修会などを開催しています。構成団体から、大学の障害学生支援センターの取り組みを紹介します。

事例1 大学に在籍する障害学生数と体制整備の動向

⑴ **在籍する障害学生数の増加**

　近年、大学を含む高等教育機関（以下、大学）に在籍する障害学生数が増加し、特に発達障害学生支援への関心が高まっています。独立行政法人日本学生支援機構によると、平成28年度は27,257名の障害学生が把握されており、10年前の調査の5倍以上となりました。そのうち発達障害の学生は4,150名（全障害学生数の15.2％）です。

　ただ、これはすでに診断のついている学生のうち、大学によって把握されている数であり、実際にはこの数字以上の把握されていない発達障害学生や、診断はついていないがその特性をもつ学生が在籍していると考えられます。こうした状況と障害者差別解消法の施行とが相まって、各大学において障害学生支援の体制整備が進められているのです。

　先述の調査によると、障害学生支援の専門部署を設置した大学が462校（前年度179校）、専門委員会を設置した大学が358校（前年度250校）と増加してきており、受け入れる大学側も変わりつつあることがわかります。障害学生支援に関する大学教職員の研修や学習の場も増えてきたという印象もあります。総じて障害学生支援の動きは、徐々にではあるが前進しているといえます。

　こうした全体的動向ではあるが、実際の現場はどうでしょうか。内外で出会う大学関係者との交流を通して見えるのは、どこも課題や葛藤を抱えながら取り組んでいる状況です。「学内での認識の共有の難しさ」「専門性への不安」「予算や人員の問題」「具体的支援の不

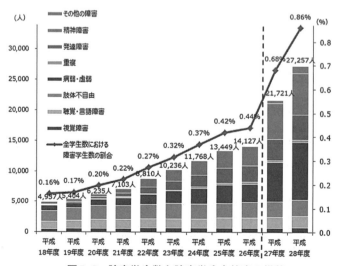

図5-2　障害学生数と障害学生在籍率の推移
出展：独立行政法人日本学生支援機構ホームページ
（http://www.jasso.go.jp/gakusei/tokubetsu_shien/chosa_kenkyu/chosa/）

備」など、問題は顕在化していますが、簡単にはことが進まないというのがもうひとつの現実でしょう。強い思いをもっている人ほど、もどかしさや歯がゆさが滲み出るのを感じます。この状況で、どのような次の一歩を踏み出せるのでしょうか。

(2) 障害学生支援に熱意のある仲間との協同・連携へ

　学外の研修やセミナーなどに参加するようになって率直に感じるのは、純粋に障害学生支援を充実させたいと願う大学関係者がたくさんいるということです。それぞれの実状を聞くと多くの課題や困難を抱えていますが、何とかしたいとのこころが伝わってきます。「以前は学内協力が得られなかったから、今年は個別にアプローチしてみています」。粘り強い姿勢に、志を同じくする者として本当に勇気づけられます。また、大学以外の医療、親の会、当事者、就労移行支援事業所、NPO関係者などとの出会いも、前途多難に見える道のりに差し込む希望の光となっています。「何か一緒にやりましょう！」「共同でケース会議をやってみませんか？」。前向きな提案が飛び交っています。今後どのような協同・連携が実現できるのか、まだまだ手探りですが、仲間の存在は大きな励みです。

　支援者も時に孤独感や無力感に苛まれることがあります。だからこそ、それぞれの現場で支援に取り組む仲間が枠を超えて手を携えることには、支援者自身にとっても大きな意味があります。今後、障害学生支援が充実していくうえで、不可欠の視点だと考えています。枠を超えてこころある多様な仲間と手をつなぐこと。これを次の一歩にしていきたいと思います。

事例2 発達障害者の就労移行支援事業所の取り組み

　就労移行支援事業所とは、障害のある方の一般企業への就職をサポートする通所型の福祉サービスです。今回紹介する就労移行支援事業所（以後、事業所と表記）では、2016年9月開所で、1年間で約90件の問合せがあり、実際に面談した人は60名になりました。その中で発達障害と診断されている方は全体の約3割でしたが、診断が出ていない人もいるので、実際はもう少し割合が高いと思われます。

(1) 対象者の年齢層

　年齢別にみていくと、大学生から10～20年間引きこもった後に就労を目指す30～40代の人までと幅があります。大学生からの相談の多くが、各大学の障害学生支援センターからの紹介で、面接を何社受けても不合格になり悩んでいたり、大学の環境に不慣れな為に単位が取れずに留年して困っていたりと様々です。

　一方30～40代の人の多くは、統合失調症・うつ病などの症状が出て発達障害の診断を受けた、いわゆる「大人の発達障害」のある人で、自分で連絡される人もいればクリニッ

クからの紹介で来られる人もいます。発達障害の特性だけではなく、二次障害（行為障害も有）で苦しんでいる人がほとんどです。

　大学生にとっての課題は、社会経験の不足からくる知識・経験の無さからくる「約束を守る」「時間を守る」「場に合った服装」など社会的ルールを学ぶ機会の提供です。これらは特性に合わせたトレーニングを積めば、もともと能力の高い人が多いので比較的スムーズに一般就労が可能だと思われます。事業所での具体的なトレーニング内容ですが、ビジネスマナーやソーシャルスキルトレーニング（SST）はもちろん、体力作りや瞑想、英語コミュニケーションなども取り入れていますが、一番のポイントは計画的な就労実習です。実際の企業で実習を少しずつ経験することで、働くことに対してのイメージを持つことが出来ます。同時に自分なりのストレス対応方法を身につけたり、グループでの過ごし方を練習したりしておくことで、就職してからのストレスで挫折しないよう予防しておくことも欠かせません。

　30〜40代の方々の課題は、二次障害に上手く対応していくことです。上手にセルフコントロールをすることで生活リズムを整え、就労移行支援事業所に通えることを目標にします。自己肯定感が低い人が多いので、興味関心のある分野に合わせた個別のトレーニングを取り入れることで、小さな成功体験を積みながら、センターでの環境に慣れていただきます。その後は大学生と同じように計画的な就労実習を経て就職を目指します。

　支援者側の注意点としては、悩まれているポイントが発達障害の症状なのか、二次障害なのかを見極めて、対応方法を支援者で統一するチームワークが求められます。また支援内容が硬直化しないようオープンな職場環境にして外部機関との情報交換を常に行うようにしています。

　特性からか、自分の経験以外の事柄に対してのイメージを持つことが難しいため、事業所では多様な働き方を体験出来る環境作りとモチベーションを保つために自分の強みを引き出し、やる気を継続してもらう支援者側の環境作りが必要になってくると思われます。

⑵ オープンCAFÉで居場所創りを始めたきっかけ

　開所から半年が経ったころ、就労移行支援事業所に連絡でき、支援機関から紹介される人、SOSを出せる人は恵まれているほうで、在宅で引きこもっている人がたくさんいるという現状に疑問を感じるようになりました。実際に長年引きこもりを経験している人が努力して事業所を通じ就労を目指す姿を見て、障害を乗り越えて一歩踏み出している方がいることを知ってほしいし、今こういうサービスが必要な人に情報を届けたい。そのために、ハードルを下げて、誰でも気軽に参加できる居場所を創ろうとオープンCAFÉを始めました。

　特徴として、「障害」という言葉を使わず、誰でも参加して楽しい場創り、家に居るよ

りも外に出たくなるような仕掛け創りを意識しています。具体的には、地元京都の魅力的な方をゲストに呼ぶことにしています。基準は支援員がワクワクするかどうか。参加費は100円で飲み物は地元企業の協賛品。展示物に障害者アート作品や全国でも有名な会社の葉っぱを使っています。参加された方が話すきっかけを随所に用意して自然と会話が発生するのが狙いです。

　そのおかげで、参加された70代の人と20代の人とが語らう姿も見られます。また各テーブルには支援員や他の支援機関の職員が入ることで、1人で参加しても話を聴きだしてもらえる場にしています。そして一番の仕掛けは、地元社会福祉協議会や医療機関と連携することです。障害・引きこもりの方と接する機会の多い支援員にも参加してもらうことでグッとハードルが下がります。

　2017年4月から毎月開催し、8月現在まで4回開催で約90名参加されています。

⑶ オープンCAFÉで気づいたこと

❶ 関係機関との連携の必要性

　引きこもっている人に直接アプローチは困難ですが、少なからず関係のある保護者、医療機関、訪問看護、計画相談所、民生委員、社会福祉協議会などの機関と関係性を作っていけば、情報が届く可能性は増えます。医療機関からの紹介で1名、社会福祉協議会からの紹介で2名、新聞記事やラジオ放送を聴いた6名がオープンCAFÉに参加しました。

❷ もっと地域に精神障害、発達障害の方が参加できる場を創ることの必要性

　精神障害や発達障害など外からは見えない障害に対して、接したことのない人にとっては「怖い」、「自分とは違う」などの偏見が色濃い現状があります。しかし、オープンCAFÉで実際に対話された参加者からは「全然分からなかった」「また色々な人と話してみたい」と声が上がっていることから、もっと地域に多様な人が集まることが出来る場を創ることは、社会の偏見を無くすために必要であると感じています。

❸ 予防の観点から、発達障害のある子どもたちへの新しいサービスの必要性

　発達障害者の保護者の中に「引きこもりが長くて、CAFÉに参加できる状態ではない」と半ば諦めておられる方がいらっしゃいました。引きこもる前に、保護者がゆとりを持つことが出来て子どもが孤立しない環境作りのための新しいサービスが必要だと感じています。

　事業所では2017年8月より、放課後デイサービスと連携して障害のある中高生向けの就労プログラムをスタートさせました。半年間かけて自己分析やコミュニケーションを学び、実際に企業見学をして、子どもたちが引きこもらないでいい社会にしていこうという思いがあるのと、保護者にも子どもたちの可能性を拡げてもらおうというのが狙いです。

家族会～親の願い

　我が子が発達障害と診断された時、まずはどんな障害なのか、親としてどうすればよいのかを知りたいと思いました。でも先生の話やインターネット、本などでは、症状を知ることはできても、本当に知りたい情報はあまりなかったのです。

　毎日毎日の忘れ物や失くし物、約束を忘れることでの友達とのトラブル、終わらない宿題、先生や周りからの心無い言葉。なにより自分が理解してあげられていなかったので、なぜできないのかがわからず、甘えなのか怠けなのかと我が子を疑うことも……。そして、そのためにはどうすればよいのか？どこに相談すればよいか、学校や療育の事などわからないことだらけで、病院へ行くだけでは先に進むことは出来ませんでした。

　当時、私の住む地区にはできたばかりの親の会があり、学校や友達とのこと、毎日の生活の事、進学や就職のこと、また家族間での事などあらゆる悩み事を共有することができました。この会は、発達障害のお子さんをお持ちの方ならどなたでも入れる親同士の会で、何よりも秘密厳守なので、自分の学校のことなども気にせずに話せます。行政サービスでは得られないリアルな情報を先輩や仲間に相談することができました。涙いっぱいで駆け込んできた人が、みるみるうちに笑顔になって充電して家に帰っていく。家ではまた元気にお母さんをしなければならない私たちにとって、悩みを話せるこの場所がどんなにありがたかったことか。

　そして、その会の中で『発達障害について伝えるキャラバン隊』ができました。我が子の特性についてたくさんの人に知ってもらうため、寸劇や疑似体験などを交えて講演する団体です。市内の小学校などで講演活動を行ってきました。

　現在は、親の会とキャラバン隊の活動を切り離し、親の会ではおしゃべりや情報交換を、キャラバン隊は発達障害の家族をサポートする法人へと変化しました。講演活動の他、発達障害児や家族向けのコンサートやイベント、月に一度の個別相談（有資格者が行っています）、行政や企業、大学などへの協力も行っています。

　我が子とこの障害について知りたいとの思いから、みんなで悩みを共有し、たくさんの方に知ってもらいたい…と、形を変えていく親の会。その先にはこの子たちが生き生きと暮らせる社会であって欲しい親の願いが込められています。

協力：一般社団法人発達障がいファミリーサポートMarble

2. 地域社会における環境整備

　近年では、障害者福祉に限らず、全般的にメンタルヘルスへの関心も高まるなかで、ストレスの軽減を目的とした合理的配慮としての環境整備が求められています。

　ここでは、京都市の公共施設である市民活動センターの取り組みをご紹介します。

◎ 公共施設の取り組み

　公共施設の事例としてご紹介するのは、京都市東山区にある「京都市東山いきいき市民活動センター」です。

　この施設は2011年の開設以来、その立地の良さから4年目には来館者が年間10万人を超えた施設です。貸し会議室を中心とした施設でのこの利用者数は、低予算の施設としては非常に難しい運営を求められる状況であると言えます。見直しを行った2015年には運営に複数の課題を抱えて業務を行っており、1年を通して様々な課題に取り組み改善しました。

　今回は、その一部となる、職員のストレス軽減に関した改善内容をご紹介します。

　初めてこの施設を訪れた時は、受付事務所が昔ながらの小さなガラス越しの接客で閉鎖的であったことと、ガラスの奥に見える窓のブラインドが全て降ろされており、昼間から薄暗い印象がありました。

　その後、受付の動線や物品の配置に無駄が多いこと、また情報を扱うパソコンの向きが適切でなかったり、使用頻度の高い事務用品や文書を頻繁に探している等の課題が見えてきました。

　また、職員1人ひとりに関わる課題としては、忙しさから休憩時間の確保が難しいことや、体調不良で欠勤する職員が多く健康管理が職場全体の課題となっていること、さらには、引きこもりの人の社会復帰支援を行っており、該当するスタッフには適応段階に応じた業務の指示が必要であることがわかりました。

　最初の改善は、業務のなかで最も頻度の高い窓口業務に関わるレイアウトと物品の配置です。この事例では、市民活動センターという施設の目的に合わせ、市民とのコミュニケーションを大切にしていることを感じ取ってもらえるよう、ガ

視線を遮るホワイトボードがあることで落ち着いて作業ができます

職場の環境整備〜Try 安堵 Check〜

　私は「整理収納アドバイザー」と「発達障害住環境サポーター養成講座〈基礎研修〉」の認定講師といういかにも「整理収納好きでーす！」「整理収納得意でーす」みたいな肩書をもっています。

　ぜんぜんです……。全く。

　収納どころか整理もまともにできないことも多々あります。

　というのもASDに加えてADHD傾向もある『発達障害の玉手箱』状態でありながら、縁あって障害者雇用枠で現在就労しています。ぱちぱちぱち。

　というわけでお役に立つかどうか甚だギモンではありますが、仕事上での整理収納、簡単に言えばストレスなく、いかに仕事をスムーズにできるかということを考えてみたいと思います。

　私の業務はASDに最も不適合とされる接客業です。

　つまりマルチタスク祭りです。

　もちろんパニックになることもありますが、それを最小限におさえている『仕組みづくり』があります。

　例えば開店準備。

　"何を1番最初にすればいいかわからな〜い"とならないために『朝の準備シート』を作りました。

　それを使用することで確認、安心、自信につながります。

　開店した後の業務も工夫をしたり、してもらったり。

　電話の応対、レジの業務、配送の方法などの虎の巻をラミネートしています。

　見える化することで当事者の私だけでなく他のスタッフも安心、安全です。

　また包装しなければいけない時もあります。

　手先の器用さ云々の前に『包装紙どこー？』『プチプチどこーー??』と必要なものを探すことから始まり、お客様を待たせているプレッシャーもありストレスがどんどこたまります。

そこで置き場と導線を工夫しました。

プチプチはゴミ箱のような筒状のものに縦入れすることにしました。そうすることであり場所は確実にわかるし、なによりバラバラならないので自分自身もパニックになりません。

また肝心の包装紙ですがこれはいろんな大きさのものがある上、折り目がついてはいけないので筒状のいれものではなくレジ下の間に置いてあります。

ただ大きさがわからなくなったら、そこでまたパニックになってしまうのでテプラでどこに何があるかわかるようにしています。いわゆる可視化です。

そんな中で元々得意（？）な作業もあります。

商品の陳列作業です。

ASDの特性として『秩序やルールが好き』というものがあります。

陳列しているものは当然のことながら売り物です。つまり見栄えもかなーり重要です。

それをキレイに並べないとどこか気持ちが悪いのでしっかり陳列します。

注意しなければいけないことはその作業に集中しすぎて（過集中）まわりが目に入らない、聞こえない、時間を忘れるなど他の業務に支障をきたすことも無きにしも非ず。なのでタイマーや時計は必須です。

そんなこんなで帰宅するころにはもうぐったりです。

発達障害者は特に疲れやすいと言われています。さらにADHDもあるのでお恥ずかしい話ですが家の中は大変なことになっています。

辛うじて足の踏み場はアリマス。

そこですべてをいっぺんにするのではなく、『小さなことからコツコツしていけばイヤにならなくていいじゃん』とひらめいたのが、少し大きめの透明のケースの中にさらに２つボックスか紙袋をいれて"いるもの"と"いらないもの"を分けていく、これだけです。

とても小さなことですが、ここで『達成感』を得ることが重要になります。このようにスモールステップの積み重ねによって『自分にもできるんだ』という自信をもつことが次につながっていくと思います。

『ざっくり・くふう・ラレツ』状態ですがみなさまご自身、また周りの当事者の方々のお役に少しでも立てたら幸いです。

ラス越しでの受付から事務所内での対面式に変更しました。

この次に、肥大していた不要な業務を見直すため、業務の手順を決める基準となる公文書を再確認していただき、それを基に文書やフォーマットを整理しました。そして、事務所内での文書の一括管理と前年度分までを保存する文書庫の整備を行いました。

使用頻度による物品管理

健康管理に配慮した採光と通気

その後も一年をかけて取り組みを続け、スタートして半年の時点では事務所を移設するという思い切った決断もしていただきました。最終的には、年間経費も大幅に抑えることができ、広い施設内の清掃業務の外部委託が可能となりました。

この事例ではその他、様々な改善の効果がありましたが、ストレスの軽減という視点から書き添えておきたいことは、接客業の精神的負荷の大きさです。

空間
・施設の使用目的に沿った事務所の配置
・行動動線の見直しによる設備品のレイアウト変更

時間
・コンプライアンス遵守による休憩時間の確保
・会議室入替えの毎正時に音を活用
・開館時間、閉館時間の適正化

ストレスの軽減
=体調管理

モノ
・文書の一元管理と文書庫の設置
・使用頻度別収納
・目的別のグルーピング
・オープン収納への切替

コト
・情報レベルごとの共有
・簡易マニュアルの作成
・重複した業務の整理
・フォーマットの見直し
・一部業務の外部委託

特に様々な来館者を迎える事業所においては、過剰なサービスやイレギュラー対応を求めるケースも想定され、クレームの率も高まる傾向があります。

このようななかでの事業運営は、スタッフがハード・ソフトの両面から安心して働ける環境をしっかり整備することで、気持ちにゆとりを持って接客に望めると感じています。

ここには、テキストのテーマである発達障害の診断を受けたスタッフは登場していませんが、理想とする環境整備が行われた職場は、障害の有無にかかわらず、全ての人にとって働きやすい職場となります。精神疾患による休職や離職も高まるなか、もう一度身近な職場の環境整備に意識を向けてみてはいかがでしょうか。

3. 住宅改修・インテリアの工夫の知識

発達障害の特性である「忘れ物」が多いことや、ストレスからの行動に配慮した住宅改修の事例を紹介します。動線や収納の工夫をすることで身支度の際の忘れ物を減らす工夫を行っています。また、児童の衝動行動の際の安全対策として、防災用品や自然素材の内装材を使うなどの工夫を行っています。

事例1　発達障害児の破壊行動や衝動性に配慮した住宅建材の選択

(1) 問題点（困りごと）

　ADHDの傾向がある発達障害児の行動で、興奮して窓ガラスをたたいて割ってしまう、障子紙を破いてしまう、ストレスで家の壁紙をむしりとる、壁を強く蹴って穴をあけてしまうなどの行動や、落ち着きがなく部屋の中で飛び跳ねて、大きな音を立ててしまうことで、家族間のストレスやご近所迷惑になってしまうなどの問題行動を起こしてしまうことがあります。

(2) 解決策（改修・工夫）

　壊れて危険な建材や、壊れやすい素材などは安全性を保つための工夫や壊れにくい素材に変更します。また、防音効果のある建材を選ぶことで家族のストレスも軽減されます。

①飛散防止フィルムを貼る事で、ガラスが割れてもガラス片の飛散を抑制できる（写真提供：スリーエムジャパン株式会社）

①窓ガラスに飛散防止フィルムを貼る事で、ガラスを突き破って大事故になるといった事態を回避することが出来ます。また、災害時にガラスの飛び散りや落下を軽減することが出来ます。

②障子紙は、ビニールの両面に上質の和紙をラミネートした特殊強化障子紙に張り替える事で、和紙の風合いはそのままに、破れにくくなります。

③むしりとってしまう壁紙は、ある程度の高さまで、木製などの腰壁を張ることによって、防ぐことが出来ます。また、壁材の下地に多く使用されている石膏ボードは、局部的な衝撃に弱いため、腰壁を張る事で強度が増します。

③写真提供：株式会社ウッドワン

④床の衝撃音は、仕上げ材にコルクタイルやカーペットのような衝撃をやわらげる仕上げにすることで、ある程度の音を軽減することが出来ます。大がかりな工事などを行わずに、防音したい時には、既存床（フローリングなど）の上に遮音シートを敷き、その上に防音タイルカーペットを敷き詰めるだけである程度の効果は得られます。

④写真提供：株式会社川島織物セルコン

事例2　出かける前の支度を、スムーズにする玄関の工夫

(1) 問題点（困りごと）

　ADHDの特徴である忘れ物や紛失が多いため、出かける支度にとても時間がかかっていました。カギ、財布、携帯、定期券、入校証などの細かいものや体操着や学校への持ち物を出がけに探しまわっていました。本人はもちろん、家族も一緒に探すのに時間を費やし、大きなストレスとなっていました。また、上着を着る季節には、各自の上着やかばんが2階のリビングにたまり、散らかる原因となっていました。

(2) 解決策（改修・工夫）

　物の定位置を決めておくことと、それがスムーズに取り出せることで、朝の出かけ間際にあわてずに行動できるようになります。また、帰宅後は玄関で片づけを終了し、着替えをしてリビングに行けば、モノをリビングに持ち込まずに済むので、散らかりにくくなります。

①扉があると何があるのか把握しにくいので、オープンな収納にして見やすく取り出しやすくしました。各自の靴棚の位置を決めたことで、探す範囲が狭まり目的の物を見つけやすくなります。戻す場所も明確なので、散らかりにくくなりました。

②つい床置きしてしまうカバンや次の日の持ち物はフックにかけることにしました。また玄関用のほうきもしまい込まずフックにかけておけば、すぐに掃き掃除ができます。子どもたちのお手伝いの回数も増えました。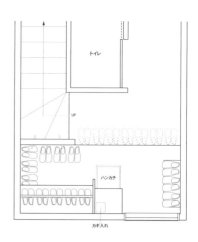

③出かけるのに必要な小物は、探しやすいように一覧できる浅い引き出しに収納しました。鍵は出し入れに手間がかからずワンアクションで取り出しができるカゴにしたので、紛失や出しっ放しが減りました。

④2階への動線上にスクールバッグのフックを設置しま

した。学校への持ち物はここを定位置にしたので、洗濯が終わった体操着やプールバッグもここへかけておくようになりました。場所が決まっているので朝の支度がスムーズになりました。

4. リスク管理

サポーターが依頼者宅へ整理収納に訪問する際のリスク管理について、器物損傷と衛生に関して行う2つの対策を紹介します。

① 保険補償制度への加入

(1) 契約書の取りかわし

整理収納の作業を行う前に、トラブルを防止するために契約書や覚え書きを取り交わすことをおすすめします。契約書には、双方の氏名や住所の他に、契約内容として期間・回数・金額・補償の範囲などの留意事項を記載しておきましょう。貴重品の扱いや、本人や家族の体調不良などによる急なキャンセル等も想定して作成しておけば安心です。

(2) 損害賠償保険

依頼者の住まいにて有償で整理収納の作業を行う際には、家庭内の備品や機器などを破損した場合に備え、補償に関しての保険加入は必須です。依頼を受けて作業を行う際には、書面での契約書を交わすなどの基本的な項目と併せて、充分な金額の保険補償に加入しておきましょう。

(3) ボランティア保険

有償の個人事業でなく、無償でのボランティアで整理収納の作業を行う場合もボランティア保険に加入しておくと、損害保険と同様に家庭内の備品や機器に損害を与えた際の補償を得ることができます。

いずれも損害保険会社や社会福祉協議会などに、自分の事業の年間件数や事業費などを提示し、相談して加入することが安心・安全のサポーター活動に繋がります。

② 感染対策の実施

整理収納の依頼がある家庭では、長年のごみやほこりが積もっているだけでなく、害虫の発生した部屋に入る場合が多くあります。各自の健康を守るためにもマスクやゴム手袋、ゴーグルなども用意して感染症への対策準備を行いましょう。

⑴ 感染の原因

・排泄物（吐しゃ物、便、尿など）

・血液、体液、分泌物（痰、膿など）

・使用した器具、器材（刺入、挿入したもの）

・上記に触れた手指で取り扱った食品など

⑵ 感染の予防・対策

・手洗い……飛沫感染や接触感染を防ぎましょう。

・うがい……のどの粘膜に病原体が付くことを防ぎます。

・マスク……病原体が入らないよう、また拡散させないようにしましょう。また、つけて
　　　　　　から外すまでは触らないようにしましょう。

・使い捨て手袋……素手で触らず、必ずビニール手袋を着用して取り扱いしましょう。場
　　　　　　合によっては、軍手（怪我を防ぐ）の下にビニール手袋　着用も必要です。
　　　　　　また手袋を脱いだ後は、手洗い、手指消毒を必ずしましょう。

・エプロン……病原体・微生物が衣服に付くことを防ぎます。

・靴下……失礼にならないように靴下を履き替えましょう。

・眼鏡……埃などにたいする防衛。

・バランスの良い食事、十分な休養・睡眠、適度な運動、体を清潔に保つことなどで自身
　の抵抗力を高め、感染経路を断ちましょう。

⑶ 具体的には……

・洗濯をこまめにして清
　潔にしましょう。

・手の洗浄後、アルコー
　ル消毒をしましょう。
　また、家具や器具等の
　清掃後、アルコール拭
　きや煮沸をして衛生的
　にしましょう。

・モノを処分し、日々の
　掃除をしやすくして、
　清潔を保つことが大切
　です。

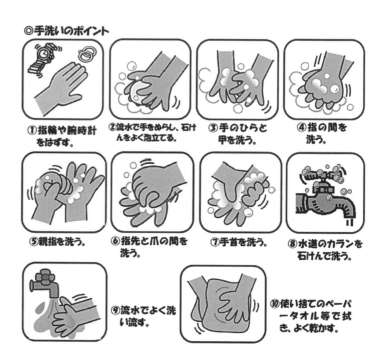

◎手洗いのポイント

①指輪や腕時計をはずす。

②流水で手をぬらし、石けんをよく泡立てる。

③手のひらと甲を洗う。

④指の間を洗う。

⑤親指を洗う。

⑥指先と爪の間を洗う。

⑦手首を洗う。

⑧水道のカランを石けんで洗う。

⑨流水でよく洗い流す。

⑩使い捨てのペーパータオル等で拭き、よく乾かす。

5. 防災・災害時の対応と整理収納

① 災害にそなえて……日々のなかに備えと心構えを

　私たちが経験した東日本大震災から６年、地震に限らずさまざまな自然災害がいたるところで発生し甚大な被害をもたらしています。発災後大切なのは「命を守る」、そして「避難生活を切り抜ける」ことです。水害など発災の予測できるときは早め早めに避難することが大切になります。しかし、発達障害児者の場合には強いこだわりや強度行動障害などが「避難」や「避難生活」を困難にしています。また、災害弱者の避難と避難所生活には障害特性に沿った配慮が少なく、在宅避難の支援は何もないなど東日本大震災前とほとんど変わらないのが現状です。それでも「仕方がない」「誰かが助けてくれる。どうにかしてくれる」と思いますか？　いいえ、災害時はみんなが被災者、ライフラインも寸断されるために助けに行きたくても行けません。だからこそ、自分の家族は自分で守る準備と心構えが必要になります。

　まずは居住地域の過去や予測される災害情報を集めましょう。ただしこれはあくまでも情報の一つにすぎません。次に災害発生時の避難について家族で話し合いましょう。ぎりぎりまで在宅避難をするのであればその準備を、避難所避難や親せき宅避難をするのであれば日常から避難先と行き来するなどのお互いに「慣れる」準備をしましょう。また、大変な時こそ「遠くの親せきより近くの他人」、デメリットを覚悟の上で「我が家には障害のある子がいます」と発信し、地域に理解者を、仲間を作ることも大切です。

　また、安定した避難生活のためには自閉症児者の安定は必須です。家族はできる限り自閉症児者を中心に動きます。ある家庭では、備え水や偏食対応の非常食の備蓄があり、自閉症の子どもが混乱しないように環境を整え、さまざまな工夫や関わりをすることで切り抜けました。また、子どもも自らこだわりを崩し、または一つのこだわりを強くすることで他は周りにあわせるなど、この非常事態に対応、それこそ必死に生きる力を発揮して切り抜けました。そこで自閉症児者の安定には「環境整備」「混乱させない関わり方」「でんと構える」「（自閉症児者の）生きる力」が大切だと考えます。「生きる力」は災害に備えるのではなく彼ら彼女らの未来のために必要な力です。特に自己調整力が被災時には必要とされます。その自己調整力はコミュニケーション（拒否・要求・SOS）・身辺の自立・余暇やお手伝いなどのスキルが必要であり、平時より親を中心としてみんなで時間をかけて育てるものです。それがあるからこそ親や支援者は、子どもの特性を理解し、様々な手立てを見いだすスキルを得て「環境整備」「混乱させないかかわり方」「でんと構える」ことができます。親や支援者の心の余裕は自閉症児者にも伝わり落ち着きをもたらすので

す。

　災害は特別なこと、しかし日常生活の延長上にあるのです。だからこそ、日々のなかに
その備えを、心構えをもつことで被災した時のつらさ、大変さを少しでも減らすことができ
るのはないかと思います。

② 防災・減災と整理収納

　地震、台風などの災害を想定した住環境対策は、発達障害児者の命を守るために非常に
大切です。従来の「防災」が災害の被害を出さないようにする取り組みであることに対し
て、「減災」は、災害被害の発生を想定した上で、被害を最小限にするための取り組みです。
　ここでは、「整理収納や地域コミュニティへの参加によって、災害による発達障害児者
の被害を減らす」ためにサポーターが知っておくべき、家庭と地域における防災・減災に
関する基礎知識を学びます。発達障害児者の特性に配慮しながら、サポーターが本人の意
向を確認しながら一緒に作業を進めましょう。

⑴　「災害はひとごと」と考えない

　まず、「自分の身にも起こること」「自分でできる備えをしておこう」という意識を喚起
することが大切です。行政などが発行する、自宅周辺の災害予測地図（ハザードマップ）
を入手して地震や水害時の被害予測や、過去の災害履歴、避難場所・避難経路などの防災
情報を知ることができます。

⑵　命を守るための住環境整備

　自治体によっては耐震診断・耐震補強対策の支援策を設けているので、新耐震基準
（1981年）以前に建てられた住宅の場合には制度を紹介するなど、収納作業時に改善でき
ることから始めましょう。
・**収納作業時に改善できること**
　背の高い家具への転倒防止器具の取り付け。
　寝室や日中長く過ごす場所に背の高い家具を置かない。
　家具の向き・配置を見直す。
・**食器や家具の飛び出し対策としてできること**
　食器棚に滑り止めシートを敷く。
　ガラス類に飛散防止フィルムを貼る。
　扉に飛び出しを防止するベルトや紐をつける。
　家電品に耐震固定ベルトや耐震マットを使う。

(3) 避難所（自宅以外）で避難生活をする備え

　発達障害児者にとって避難所での生活は負担が掛かり、体調を崩しやすくなります。不安感を解消するためにも、最低限の日常生活に無ければ困るモノを身近にまとめておき、非常用持出袋として持ちだせるようにしておくと安心です。

・非常用持出袋の中身の例（身軽に避難できるサイズや重さにする）

　防災食品：ペットボトル水・非常食（レトルト食品、飴、チョコレートなど）

　生活用品：常備薬・めがね

　重要書類：保険証・障害者手帳・お薬手帳・身分証明書

　備忘録：緊急連絡先・通帳・証券類の番号の控えメモ

　この他にも、スムーズに移動できるための準備として、現金や、懐中電灯、歩きやすい靴、安全の確保のための軍手、防寒対策としてのレインコートなども用意できると便利です。

(4) 自宅で避難生活をする備え

　被災地域の外部から物資の支援が届くまでの期間の目安として、7日分の備蓄をすることが推奨されています。普段の生活でも水や食料品などを使いながら、合わせて防災食品を年1回試食して入れ替えて管理しましょう。冷蔵庫が使えなくても保存できるレトルト・栄養補助食品や、ガス・電気が止まっていても食べることができる缶詰・お菓子などを用意しておきましょう。

・自宅で備えてあると便利なモノの例

　調理器具：カセットコンロ・ボンベ・缶切り・アルミホイル・ラップ・保冷剤など

　衛生用品：非常用トイレ凝固剤・消毒ウェットティッシュ・トイレットペーパー

　ティッシュ・マスク・紙オムツなど

　給水用：空のペットボトル

(5) 防災食品・生活物資の収納

　防災用品を準備しても、維持管理が長続きしない家庭が多く見られます。いつ起こるかわからない災害のために無理なく継続できる収納の仕組みが大切です。

・家族や本人が取り出しやすい収納場所を間取りから検討する。

・住まいの整理を実施して、防災用品の収納スペースを確保する。

・普段の生活に支障がない収納をして、日常用品を防災用品に使い回す。

・個室に閉じ込められることを想定して、飲み物と防災食品はリビングと寝室に分散収納する。

・中身がわかるラベリングをする。

⑹ 地域との繋がりをもつ

　過去の大震災の時も多くの人が近隣住民により救助されています。そのためにも日頃から「顔の見える近所の付き合い」を心掛けることが大切です。

・町内会、自治会に加入し、近隣住民に発達障害児者が居住していることの情報共有をする。

・地域の防災訓練に参加し、避難所の場所の確認や避難所での生活に備える。

・自宅で避難生活をする場合に、生活支援や家財道具の整理を助けてくれる団体の連絡先を知っておく。(社会福祉協議会、災害ボランティアセンター等)

支援学校～「できない」から「できる」支援へ

「特別活動」の一環として『掃除の時間』を設定している小学校があります。

特別支援学校（知的障害・小学部）においても、「掃除を始めますよー！」という放送の合図とともに、各教室や廊下の『掃除の時間』が始まります。『掃除の時間』が始まると、子ども達はそれぞれに、ほうきやちりとりを手にします。しかし、ある教室ではしばらく時間が経っても、一向にゴミが集まりません。なぜなら子ども達は、ほうきやちりとりを持ったまま教室中を歩いたり、その場に立っていたりするだけだからです。「さぼってないで、しっかりほうきで掃く！」と、先生達の声が高まります。そのうちA先生は、1人の子どもに寄り添い、子どもと一緒にほうきを持って掃き始めます。1人やっては次の子ども、また次の子どもへと順番に指導していきますが、子ども達はなかなか自分から掃除をしようとしません。

「掃除って、できないのかな？　難しいのかな？」子ども達の様子をよく観察してみると、1つの事に気がつきました。子ども達の視線が、ゴミの落ちている床に向いていないのです。教室に落ちているゴミのほとんどは、小さい埃や紙くずですから、注意して床を見なければ、ゴミを発見することはできません。

「子ども達はゴミの存在に気がついていなかったのかもしれない。それなら！」

この事に気がついたA先生は、新聞紙を持ってきて細かくちぎり、教室中に撒きました。するとどうでしょう！　子ども達は、足元の新聞紙に目をやり、ほうきで掃き始めたのです。さらに、新聞紙を集める先には、一辺30センチ程の正方形の印をつけておいて、「この四角まで、持ってきてね」と伝えました。すると、教室のあちこちから、子ども達によって新聞紙の破片が正方形枠に集められました。もともと落ちていた小さな埃や紙くずも集まりました。おかげで教室はピカピカです。

A先生は新聞紙の破片を教室中に撒いて、あえて見つけやすいゴミを作りました。つまり、『ゴミの視覚化』を行ったのです。この『ゴミを視覚化』することによって、子ども達はゴミの存在に気づき、ゴミを意識できたことでゴミを掃くことができ、結果、掃除をすることができたのです。

子ども達は、掃除をさぼっていたのでもなく、掃除ができないのでもありませんでした。「できない」理由を考えて、「できる」ように支援することで、彼らの持てる力を十分発揮することができたのです。

「できない」から「できる」へ！私たち支援者ができることです。

6 事例に学ぶ支援のあり方

1. 当事者として共感あるサポーターを目指して

　私が初めてADHDを知ったのは、2001年でした。リン・ワイス著、ニキ・リンコ訳『片付かない！見つからない！間に合わない！』（WAVE出版、2001年2月発行）という書籍の紹介とADHDを特集する雑誌に出会った時です。それらに登場する実例のほとんどに「自分のことが書いてある」と感じ、その後幸いなことに専門医の診断を受ける事ができました。まだ大人のADHDという症例は、世間どころか精神科や脳神経科などの専門家にも認知されていなかった頃でした。

　当時から十数年を経て「片づけられず、見つけられず、間に合わない」私が、自分の弱点克服のために取得した「整理収納アドバイザー」の資格をきっかけとして、「発達障害住環境サポーター」となりました。これまで私が、自分自身の暮らしづらさ解消のためにさまざまに工夫してきたことや片づけの理論や手順を知って取り入れたこと、さらに一般的な片づけのスキルではうまくいかなくても、特性に合わせた方法を選択することでストレスが軽減し、リバウンドしにくくなった事例を紹介します。

　また、小学生の娘も未診断ですがADHDのグレーゾーンの傾向があると思われます。私と同様に日常生活の中でルーチンとなる習慣ほど、他の刺激（視覚情報や空想など）によって抜け落ちていくので、基本的生活習慣が確立しづらい特性があります。住環境を整えることや声かけによって気が散っても忘れても、元に戻れる工夫のいくつかも紹介します。

　私がかばんにモノを入れるときには、次にやることや何か他の事を考えながら無意識に入れるので、取り出すときには目当てのものが見つからず、必ずゴソゴソとかき回していました。モノの整理を学ぶにあたり「整理＝分けること」「定位置管理でリバウンドなし」と習ったので、ポケットの数が多く、かばんの中での定位置管理ができるようラベル代わりの缶バッジをつけて使用していました（写真1）。ところが、数あるポケットのどこに何を入れたか……を覚えられず、かばんの中を見て定位置を確認しながらモノの出し入れをしないので、ラベルもあまり意味がありませんでした。さらにポケットの無いかばんは対応ができません。そこで最小

写真1　10ポケットバッグと缶バッジ

写真2　バッグインポーチ

写真3　ほぼ日手帳の切断

限のものを入れるポケットのないバッグインポーチ（写真2）を手作りして使用してみたところ、「財布、鍵、携帯はとりあえずここ」と、ひとつのことだけ覚えていればいいのでストレスがかなり軽減され、かばんの中を探し回ることは少なくなりました（探しものはこの3種類なのです）。

「分ける」「定位置を決める」という整理の基本より「覚えることをひとつにする」ことが、ストレスが減り、モノの居場所がわかって元に戻せるようになるとは、自分でも目からウロコが落ちる思いでした。

モノだけでなくコトを頻繁に忘れることも特性のひとつなのでスケジュールの管理は重要ですが、こだわりが強く自分の希望に合ったものでないと使う気になりません。思い切って手を加え、市販のものを切断して使用しています（写真3）。

ここでいう自分の希望とは、
・ビジネスライクでなく楽しく使えるもの。
・持ち運びが軽いが、月間、週間、日記ページがある。
・外出先で思いのままに書いて、頭の整理ができるページがある。
というものでした。お気に入りのメーカーの完成された製品をバラバラにするのは思い切りが必要でしたが、私のわがままな願いをほぼ完璧に満たす手帳ができました。

生活習慣や家事などルーチンな物事には脳の力が10あるうちの2くらいを使うとしたら、一般的には起きてから出かけるまでの行動は難なく毎日同じにできるようですが、私たち親子は刺激のないルーチンのことは興味ゼロとなってしまうのか、視覚や聴覚への外的刺激や、それらから連想される空想に引きずられて毎日の生活習慣が確立できません。

こういった脳の特性は変えられるものではないため、そういう状態になるといった前提で元の行動に戻るための仕組み＝環境整備が必要です。

具体的には、朝と夕に多く過ごす食事スペース

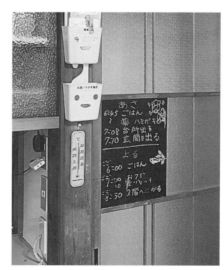

写真4　ダイニングの掲示

に、基本の習慣と時刻を書いています（写真4）。

壁掛け時計は毎時、音楽が鳴るものにして時間の経過や時刻に気がつくようにしています。さらに、時間の経過や残り時間を見るときはアナログ時計、今の時刻を知りたいときはデジタル時計でないと認知がしづらいので2種類の時計を並べて設置しています（写真5）。これらの工夫は娘だけでなく、私のためにも必要な対策です。

発達障害の傾向を持つ子どもは閉鎖された空間を好むので、押入れの下段を娘のベッドスペースにし、そこに大好きな本を置いています（写真6／写真7）。実は私もここで寝たときにはぐっすりと眠れて疲れが取れたので、大人のADHDにも閉鎖された空間は安心感を与えるのかとも考え

写真5　ダイニングの時計

写真6　改造押入れ全景

写真7　押入れベッド部分

ました。もしかしたら、今後のビジネスでの宿泊にはカプセルホテルが良いかもしれませんので試してみようと思っています。

整理収納とは少し離れますが、2部屋続きの和室の間仕切りにした箪笥の背面に大きな黒板を設けた事例です（写真8）。絵を描くのが好きな娘のストレス発散の場にしています。本人の好きなことを思いっきりできる場を作るのも、環境整備といえるのではないでしょうか。

これまで私は主に自分自身や、娘の暮らしづらさや困り感の解消のためにさまざまな工夫をしてきました。しかし現在は発達障害住環境サポーターとして当事者や家族の会に関わることとなり、当事者と当事者の親とサポーターという3つの視点で、発達障害特有の片づけづらさに悩んでおられる方に接しています。今後は自らの経験やさまざまな暮らしの工夫を活かして、当事者としての共感を持ったサポートを目指していきたいと思います。

写真8　たんすの裏黒板

2. 支援者から見た家族間での支援

　整理整頓好きの母親と、片づけられなかった娘・Aさん（43歳）が、片づけを通して相互理解を深めた事例。

　Aさんは子どもの頃、母親からよく「Aは好きなことしかしない」「散らかして！」と叱責されていた。30年以上前の当時、発達障害に関する世間の認知度は低く、また母は「整理整頓が得意でキレイ好き」「きちんとした人」であったため「片づけられない」Aさんのことが理解できず、困惑していた。

　Aさん自身も「落ち着きがない」「忘れ物が多い」「片づけができない」「私は好きなことしかしない」「嫌なことからは逃げる」「サボリ癖のあるダメ人間」と自己肯定感が低いまま育っていった。

　そのため母娘関係はぎこちなく、Aさんが成人し、独立してからはさらに疎遠になった。Aさんが結婚し、30歳を過ぎ頃に転機が訪れた。

　結婚後、職場で仕事の処理が追いつかず、言い訳が増えた。同僚や部下から不信感を持たれているように感じた。新婚のAさんの家はゴミがあふれ「人が突然訪ねてきたらどうしよう」と内心ビクビクしながら暮らした。ゴミの散乱した家の中で「こんなはずじゃなかった！」「私がしたいのはこんな生活じゃない！」と号泣する日もあった。

　そんなある日、ふと立ち寄った本屋で「片づけられない女たち」という本と出合った。

　本に登場する女性に「これって私のことだ」と思い、病院を訪れたAさんはADHDの診断を受けた。

　正式な診断名がついたAさんは「片づけができないのは、自分がサボリ魔だからではなく、別の原因があったのだ」と嬉しくなり、さっそく母親に「私はADHDという障害だった」と報告した。

　しかし、実母は立派に成人した娘から突然、障害を告白され困惑し、否定的であった。「病気が見つかったことを嬉しそうに言うなんて……」と。

　共感を得たかったAさんはそんな母の態度にショックを受けたが、母に理解してもらうことをあきらめ、「これから自分がどう生きていったらいいか」を考えるようになった。

　そして、情報を求め、本を読み、当事者団体に参加し、障害に対する理解を深めていった。

　数年後、メディアなどで発達障害に関する情報が発信されるようになり、客観的な情報を得た母も「ADHDの特徴が子どもの頃のAに当てはまるのでは？」と気づいたという。

　そして「Aさんが言っていた障害」を徐々に受け入れられるようになっていった。

　障害について理解を深めたAさんも母親にどう伝えたらいいか考える余裕ができるようになった。

Aさんは母親に「お母さんは、掃除が終わった後の部屋の様子が描けてゴールが見えている。だから、これを動かして、あれをこうして……って段取りできる。だけど、私は、ゴールが描けない。だからどうしたらいいかわからない。どこに行くかわからない道をひたすら歩くのは集中力が続かない。だから、完成形がどういう状態なのかを私にわかりやすく教えてほしい。そこに向かって何をしているのかわかればできる」と、伝えてみた。

写真1　整理前

母親は、やっとAさんの片づけには支援が必要だということを理解し、月に1回程度は片づけを支援するようになった。

ところが、整理整頓が得意な母親と苦手なAさんの片づけはケンカになってしまうこともしばしばであった。そこでAさんは第3の支援者にアドバイスを求めることにした。

まず、支援者は「収納の中身を全部出してみましょう」と提案した（写真1・2）。

母娘は収納されていたモノを並べて、その量に驚いた。Aさん自身が憶えていないモノもたくさんあった。

写真2　整理後

支援者はさらに「この高い位置のケースの奥の方は見えないし、何があるかわからないので、たまにしか使わないもの入れにしましょう」「何が入っているのか分かるようにラベルを貼りましょう」と。

具体的な方法を理解したAさんは「よく使うモノ」「あまり使わないモノ」を分け、整理を始めた。作業中に、台所から、3年分ほどのダシ昆布を発見したときは、「なんでこんなに昆布を…」と母娘で大笑いしていた。「Aは視野に入らないものは存在を忘れてしまう」。彼女のために『見える化』をすることで、不要な買い物を防ぐことができるようになった。やることの意味を理解し、夢中になったAさんは、マスキングテープでラベル

写真3　ラベル

をつくり「中身が変わったら貼り替えできる！」と、嬉しそうに作業をしていた（写真3）。

それから、母娘はお互いの考えや気持ちを言葉にして説明しながら作業を進めた。

A「どうして置く場所を変えるの？　理由がわからない」

母「ここに置くと、パッと取れて動きやすいと思うの」

A「ちょっと待って。動きやすくすることより、物の位置が変わるという変化が不安で受け入れられない。今、『うん』とは言えないから、もう少し後で返事をさせて」

Aさんの事例では「苦手な片づけ」を一緒にしながら「なんでできないのか」を、『説明すること』『理解すること』を通して、母娘関係が再構築されていった。今でもAさんが忙しいと家が散らかるが、母親の言葉は「最近、ずいぶん散らからなくなってきたね」と肯定的だ。Aさんも自分ができる方法を母親と考えることで、「片づけができるようになってきた」と実感しているという。

3. 相談支援専門員とのかかわり

地域生活を送る中で、さまざまな希望や課題に出会い、その1つひとつを自分らしく送るために、日々だれもが努力しています。しかし、なかにはその調整が苦手な方や生活にしんどさを感じている方は少なくありません。

相談支援専門員とは、その人の地域生活を支えるために「希望する生活の実現にむけて」一緒に考える立場です。日々の支援では、その人の状態だけに目を向けるのではなく、その人の置かれている環境に対して目をむけることを心がけています。そうすることで、本人と一緒に解決できることが見つけやすくなります。一緒に解決する糸口が見つかれば、一歩ずつ踏み出していくだけです。その一歩は前向きな一歩です。生活に対する希望は誰もが抱いています。それに向かえていないのは本人だけの問題ではなく環境を整えることに視点を置くと、さまざまな可能性が見えてきました。

自分の置かれている環境に気づくことで、いろいろなことが解決することもわかります。今まで自分自身の問題だと思っていたことが、自分のおかれている環境に原因の一つがあることがわかるだけで、自己実現への第一歩、その踏み出し方が変わります。

女性・40代・1人暮らし・ADHDと診断。本人の状態は、

「生活リズムをつけるために、日中活動支援事業所を利用するが、毎日通えていない」

「片づけ家事が苦手、やる気にならなく、生活環境が不安定な状態」

福祉サービスを利用するが、うまく活用できていない状況で、生活の改善には効果が見られていない。ホームヘルパーを利用して家事援助を行うが、ヘルパーとのコミュニケーションに不安を覚え、キャンセルを出すことがしばしばある。この状況が続くと、活動に参加しない（できない）、またキャンセルをだす本人に対して、周りからの励ましや、さまざまな動機づけがあり、その関わり（プレッシャー）によりしんどさを増すことになっていました。

さらに引きこもる状態が続いていた。長く続くと、本人の責任（問題）とされがちで、その状況を本人は感じ、周りに対しての不信感が増していました。くらしの中での悪循環

が起こる状態。相談支援専門員として数回の面談（訪問）を行いました。福祉サービスのことや周りの支援者への不安や生活に対する不安を傾聴している中で、生活環境についての思いが聴けました。「この部屋でしんどいんです……やる気が起こらないんです……」

　そこで、住環境の支援を受けてみませんか？と提案すると、今までにはない、前向きな表情で興味を示されました。

　生活をおくる中で自分の苦手なことや、生きにくさを改善するためには自分が頑張らなければならないと悩んでいたようで、環境を変えることでなにかきっかけになるのでは、と気づかれた瞬間でした。

　住環境の支援の流れを説明すると、やってみたいという積極的な言動が見られ、一緒に始めることとなりました。まず「目的の共有」として、本人の思いは、「わかりやすくしたい（自分自身で）どこになにがあるか、わかりにくいんです……」「断捨離したい、着ない服をほかしたい、ゴミを片づけたい、着ない服を片づけたい、テーブルの上を片づけたい、一目でわかりやすいようにしたい。こまごまありすぎるんです……」とのこと。

　そこで、片づけについて一緒に考えました。段取りについて①整理②収納③片づけ＝習慣化・定位置管理が重要です。①整理はまず分けます。第1に台所を行いました。以前は捨てられない？　捨てるタイミングわからない？　棚の活用方法がわからない状態を、活用方法を一緒に考え、「おさまり感」を大切にしました。本人の特性に配慮し段取りの見える化（スケジュールを見える化）し、生活動線を共有して今までの生活の流れを崩さないように一緒に考えました。また思い出の品「おやつ作りの道具」は目に留まる場所に置き、過去の思い出の中でも楽しい思い出をいつも目にする工夫を行いました。まとまり感として棚を活用・工夫したり、本人のアイディアを用いて行いました。

　1回目の住環境支援をあと、訪問すると、散らかりが見られた場所は、本人から「不便やった……」とのこと。そのことが散らかりへとなっていることがわかり、一緒に便利さを考えました。3回目には、より希望が出てきて、「リビングが、ごちゃごちゃ、まとまってない、整理できていない、ティッシュとか他のものがある……」「家庭的な雰囲気にしたい!!」とのこと。整理した後、こたつに入り微笑んでいる姿が印象的でした。4回目は、押入れ。段ボール箱・必要な書類一式、印をつける・ラベリング、音楽を聞くスペースは大切、固めて収納、場所の意味、テレビを見る場所、朝の身支度（姿見）とカレンダー、テーブルのまとまり……等、本人からもアイディアが出てきて生活環境を作り上げている雰囲気に満ちていました。

　住環境の支援は、一緒に行うこと。本人の意思決定を最優先すること。じぶんらしく片づけること。これを、相談支援専門員として訪問時に行うことで、本人の価値観をさらに知ることが出来ました。物に対するストーリーを共有することで昔の思い出を聴くことができ、そこで感じたことが今の本人の生活の一部になっている。そして、定位置管理を行

うことで、忘れ物が減ったこと、自信がついた。また、そのことで生活や活動に少し意欲が芽生え、「出かけてみようと思う……できる内職はやってみたい……少しでもお金を稼ぎたい……」といろいろな希望が芽生えてきています。環境を整えることで、本人の力が発揮できるきっかけができました。今は、気分の浮き沈みはありますが、今までのように本人の状態へのアプローチだけではなく、「一緒に片づけてみる？」の合言葉、生活環境を整える支援で、次の一歩を前向きに踏み出せるきっかけづくりになっています。

4. 発達障害に学ぶ片づけの広がり

　発達障害の人に対し、家族や周りの人はつい「発達障害だから片づけが苦手でもしょうがない」と諦めたり「家が散らかるのは全部発達障害のせいだ」と決めつけてしまうことがあります。

　でも家が散らかる理由は本当に本人のせいだけでしょうか？

　ADHDと診断された中学生の息子さんがいるご家庭の話です。

　息子さんは片づけが苦手なため、勉強部屋だけでなくリビングなどにもモノが散乱し、ご家族はかなりストレスを抱えていました。

　「発達障害の息子に片づけを覚えてもらいたいんです」

　そういって片づけサポートを依頼されたお母さんは、息子さんの勉強部屋を案内してくれました。

　見るとそこには衣類、寝具、勉強道具まで様々なモノが床置きされ、クローゼットにも服や雑貨がギュウギュウ詰めになっていました。

　しかし最も驚いたのは、その部屋に家族全員分の季節外の寝具やお母さんの私物、掃除道具などが置いてあったことです。

　ADHDでストレスを抱えた少年が、自分のものでもない荷物に囲まれて過ごさなければならない精神状態はどんなだったのでしょうか……。私なら人の部屋にいるようで落ち着きませんし、そんな部屋を片づける気にはなれません。

　片づけて欲しいと願っているはずのお母さん自身が、なぜ我が子の部屋を物置代りにしたのでしょう？　理由を尋ねると「他の部屋はモノがいっぱいでもう置く場所がないんです。息子が散らかすのを見ていると疲れて果てて片づける気力もなくなって、いつの間にかここに放り込むようになったんです。本当は私自身が片づけられる人になりたいのかもしれない」という言葉が返ってきました。

　片づけ作業の日、まずは勉強部屋から本人以外の荷物を全部出しました。

　そして、本人が簡単に片づけの習慣を身につけられるように、極力シンプルな仕組みを作ることにしました。

夏物も冬物もごちゃ混ぜでクローゼットに放り込んであった服は、本人がファッションに全く興味がないことを理由に、オンシーズンの服10着だけをチョイスしハンガーに掛けにしました。

　下着と靴下、運動服は3組だけをカゴに収納し、なくなったら洗濯場から取ってきます。

　選ぶ楽しみを本人が求めないなら、モノが少ない方がどこにある？どこに戻す？という迷いがなくなりストレスを減らせます。

　また勉強道具は机や棚に置かず、重くても全て通学カバンに入れて忘れ物をなくすようにしました。その方法は一般的ではないかもしれませんが、本人のストレスがなくなることを優先しました。

　そしてお母さんには今後この部屋に息子さんの持ち物以外、一切置かないことを約束していただきました。

　その後も片づけサポートに時々伺ったのですが、一番キープされていたのは息子さんの勉強部屋でした。

　お母さんも息子さんの部屋を手本に、自分自分の余計なモノを減らし、くつろげる部屋を目指しています。

　家庭の中でも職場でも発達障害を持つ人の場合、片づけは本人努力だけでは難しいものがあります。しかし周りが協力を惜しまなければ、本人が生きやすくなるだけでなく、発達障害の人がいたからこそ気づかせてくれた片づけの大切さや便利な方法、誰でも長続きできそうな習慣など家族や職場で共有しそのスキルを磨くこともできるのです。

　発達障害でもそうでなくても「あ、その片づけ方いいね、私も真似したい！」そんな会話が気軽にできるようになるといいですね。

5. 半世紀での住環境と心理の変遷

　最後に法人設立の背景にあった母の人生における変遷をご紹介します。

　私の母は未診断ではありますが、ADHDの強い特性を備えており、私が子どもの頃には家の中にモノが溢れ、外出先では車の鍵を頻繁に車内に忘れてしまうといった症状がありました。一方、ASD特性が強い私にとっては、そうした母の行動が理解できず、思春期には随分辛くあたりました。

　中学生の頃には、見兼ねて畳が見えないほどにモノで散乱した母の部屋を、了解を得て（私の記憶では）一緒に片づけたことがありました。その頃には、すでに母とのコミュニケーションの難しさを理解していましたので、私にとってごみと思えるモノも勝手に廃棄せず、透明の大きな袋を幾袋も用意して分けてゆきました。ひと段落したところで、母に分けた方法を伝えて声を掛けたところ、「アレがない」「捨てたの？」という疑心暗鬼の言

葉が帰ってきたことを覚えています。

　手元に残る当時の母の部屋の写真を見ることで、この頃の母は二次障害を発症していただろうことがハッキリと分かるのですが、30年近く前では発達障害という概念もなく、そうした母を家族全員が理解できず傷つけていたように思います。

　こうした母に対する贖罪の念を社会に役立て、同様のケースを減らしたいと願い今の活動を続けるようになったのですが、こういった課題を抱える親が管理する住環境で暮らす子どものストレスには、ここに書いた数百文字では表しきれない大きな負荷があったこともまた事実です。

　現在では、発達障害者支援法により学齢期の支援は拡充されつつあり、次の段階として、その家族や大人の就労等への支援体制は具体化されている段階です。

　ただ残念ながら、私のように親が発達障害と疑われるケースにおいては、家庭内という閉鎖的な空間のなかで問題が深刻化するケースも多いのではないでしょうか。

　暮らしデザイン研究所では、人が暮らす場所である住まいを整える住環境整備とは、安心・安全が保持され、最低限の衛生が保障された場所だと定義しています。

　高度消費社会において、物事の優先順位をつけることが難しいADHD傾向の人が、形あるモノの所有に価値をおいて生活を続けていると、当然のことながら住まいはモノで溢れかえります。多くのモノの所有は、衛生の保持にあたる日常の掃除を難しくしているだけでなく、窓を開けるという行為をも難しくし、閉鎖された空間を作り出します。

　機密性の高い今の住宅において物理的に閉鎖された空間は、同時に心理的な閉塞感も生み出します。

　子どもの頃を思い返してみると、友達の家にはよく遊びに行った記憶がありますが、子どもながらに片づいていない自分の家には「友達に来てもらうことが恥ずかしい」という自分の中での感情と、人を呼ぶことが家族にとって「歓迎されることではないだろう」という家庭というコミュニティに対しての判断がありました。特に後者は、仕事上も衛生の保持が必須であった父と片づけ方がわからない母との日々繰り返される諍いを目にしていたためにできた私の判断基準であったのだと思います。

　こうした日常は子どもにとって大きなストレスとなり、プラスの側面からは、自宅から早く出たいという自立心がしっかり育つ環境だとも言えますが、マイナスの側面においては、物理的な害虫の発生による睡眠障害と、両親の諍いに起因する30歳を超えるまでのトラウマに繋がったことは否めません。

母はその後、新興宗教の信者となり実家を出て離婚しました。再婚後は、再婚相手の長期間の介護と死別を経て、今は１人暮らしです。

　発達障害者の人たちの人生を凝縮したような母ですが、今は家の様子から精神的に落ち着いた状態であることがわかります。

　モノに溢れた部屋であることは変わりありませんが、その中にも大枠での秩序が見出され、気持ちが安定している様子が伝わって来ます。

・誰のための何のための片づけなのか

　私はこれまで、当事者や整理収納事業者だけでなく、医療や福祉、教育といった様々な支援者の皆さんから相談を受けて来ました。前述しましたが、よくある質問に、引きこもりや精神障害のある人への「本人の行動を促すにはどうしたらいいでしょうか？」という内容があります。その際に必ず問いかけることは、「片づけを望んでいるのは誰なのか？」というものです。片づけは魔法ではありません。

　もちろん、業者として作業依頼があり、機械的にモノを捨てて収納を請け負うという方法であれば、早期にスッキリした部屋にすることが可能です。しかし、心理に働き掛けたいと願う立場からの質問には、その本人を取り巻く環境や生育歴、社会性、好みといった細かな情報が必要です。

　今後は行動療法の一環としても取り入れていただきたい片づけ、整理収納ですが、第一歩は何よりも自室のゴミ箱にゴミと認識したモノを入れ、それをゴミ収集日に出すということの習慣化です。

いっしょにできるように考えようね！

「A子さんの筆入れには、こんなに沢山関係のないモノが入っていました。」
ビニール袋を持ち上げて、担任の先生がクラスメートに見せました。

5年生の、家庭科の授業中です。「身の回りを整えよう」という単元で、整理整頓の必要性について学んだ後、自分の筆入れを使って、実践しています。

まず、中身を全部出し、学校で使うモノ、使わないモノの基準で分ける。優先順位を決めて、使いやすいように入れなおす。定規を仕切りがわりにするなど、それぞれ工夫しながらの作業中、学校では使わないモノを入れるために渡した袋に、細々としたモノを沢山入れていたA子さんの筆入れは、改善すべき例として、ぴったりだったのかもしれません。片づけのできない子として印象づけられてしまいました。

別の日、クラスの忘れモノの多さを改善するために、予定帳や、持ちモノの確認の大切さを皆で話し合った後、約束を守るための方法として、グループごとに、誰かが忘れモノをした場合、1個につき1ポイントずつ減点して、高得点を維持する競争を始めました。忘れモノは、連帯責任になってしまいました。

学校でも、家庭でも、片づけがにがて、モノや、ことの優先順位がつけにくいなど、子どもが発達障害の特性を持つ可能性に、配慮が必要な場面が常にあります。しかし、知識が不足していれば、そのことに気がつくことができません。知識があっても、日常生活と、結びつかないこともあるでしょう。しかし、子どもたちの将来のために、できるだけ、早いころからの支援を可能にしてほしい。

「なぜ、できないの」ではなく、「一緒に、できるようになる方法を考えようね」と言ってほしい。

周りの大人の温かい配慮によって、子どもの抱える困難さを少しでも減らし、自己肯定感を育て、「生きる力」を身につけていくことは、私たち大人の責任なのではないでしょうか。

【執筆者紹介】

[監修]

須賀　英道 (すが・ひでみち)
特定非営利活動法人暮らしデザイン研究所理事・精神科医・龍谷大学短期大学教授・日本ポジティブサイコロジー医学会理事

[理事長]

森下　真紀 (もりした・まき)
特定非営利活動法人暮らしデザイン研究所理事長・整理収納コンサルタント

五十嵐光江 (いがらし・みつえ)
発達障害住環境サポーター養成講座〈基礎研修〉認定講師・整理収納アドバイザー

上床　輝久 (うわとこ・てるひさ)
京都大学健康科学センター・精神科医

岸本　栄嗣 (きしもと・えいじ)
京都造形芸術大学こども芸術学科准教授

北　　龍也 (きた・たつや)
瑞光奏名義で『36℃の熱風〜発達障害の僕の青春メモリーズ』をビジョン出版より刊行。北機械設計所属

國中　弥生 (くになか・やよい)
発達障害住環境サポーター養成講座〈基礎研修〉認定講師・二級建築士

久保かをる (くぼ・かおる)
発達障害住環境サポーター養成講座〈基礎研修〉認定講師・二級建築士

佐伯　真理 (さえき・まり)
発達障害住環境サポーター養成講座〈基礎研修〉認定講師・二級建築士

坂本　　彩 (さかもと・あや)
龍谷大学社会学部非常勤講師

吹田　育也 (すいた・いくや)
FDK株式会社スマイルプラス烏丸御池センターセンター長

高橋みかわ (たかはし・みかわ)
『重い自閉症のサポートブック』著者、『大震災自閉っこ家族のサバイバル』編著者（ともにぶどう社）

田口いずみ (たぐち・いずみ)
発達障害住環境サポーター養成講座〈基礎研修〉認定講師・整理収納アドバイザー

東道　淳子 (とうどう・じゅんこ)
環境省環境カウンセラー・地球温暖化防止活動推進員

中川　宣子 (なかがわ・のりこ)
特別支援ICT研究会代表

久田　奈美 (ひさた・なみ)
発達障害住環境サポーター養成講座〈基礎研修〉認定講師・整理収納アドバイザー

広野　ゆい (ひろの・ゆい)
特定非営利活動法人DDAC（発達障害をもつ大人の会）代表

宮﨑　充弘 (みやざき・みつひろ)
かざみどり相談室 センター長・相談支援専門員

村松　淑子 (むらまつ・としこ)
発達障害住環境サポーター養成講座〈基礎研修〉認定講師・整理収納アドバイザー

[編集担当]

西本　雅則（にしもと・まさのり）
　特定非営利活動法人暮らしデザイン研究所事務局長

山下　陽子（やました・ようこ）
　特定非営利活動法人暮らしデザイン研究所事務局スタッフ

○推薦図書

（書名）一番わかりやすい整理入門　整理収納アドバイザー公式テキスト
（著者）澤　一良
（発行）株式会社ハウジングエージェンシー出版局、平成19年

○参考文献

（書名）地域における防災教育の実践に関する手引き
（発行）内閣府（防災担当）・防災教育チャレンジプラン実行委員会、平成27年

（書名）精神神経学雑誌　第116巻 第6号
（発行）公益社団法人日本精神神経学会、平成26年

（論文）玉井美知子「育ち合い―基本的生活習慣の自立をめざして」公益財団法人日本教材文化研
　　　　究財団研究紀要第37号（特集：乳幼児期の探求）
　　　　http://www.jfecr.or.jp/publication/pub-data/kiyou/h20_37/t1-1.html

○厚生労働省　http://www.mhlw.go.jp/

特定非営利活動法人

暮らしデザイン研究所
"整理収納×福祉"
～ありのままのあなたが活躍できる社会へ～

結びに……人としての軸をもつ

　時代は急速に進み、いつでも誰でも手元で多くの情報が受け取れるようになりました。これらの情報の取捨選択には、基準が必要です。情報には、時間という客観的な賞味期限を基準にできる内容から、自分自身の関心の程度という感情が反映されて基準となるものや、判断に難しい周りの人との関係性によってもたらされる主観的な判断が反映されやすいSNSやメール等です。

　このような様々な種類の情報の扱いに戸惑いや混乱を生じている現時点では、裏を返せば自分の判断基準を活かすことで、主体的に動ける時代といっても良いでしょう。しかし、自分が判断して取捨選択していると考えている情報も、すでにもたらされる前の段階で個人が求める基準の選別がされており、今後はその制度がますます高くなってゆくでしょう。つまり、個人はともすると、自分で思考や行動の基準を持たなくても、受け身でも困ることがない時代となってゆくのです。

　こうしたことが良いのかどうなのか、私には判断ができません。しかし、これからの時代を見据えて、軸を持つのか手放すのかを、今、決めておくことが必要であるようにも思います。

　人は一人ではありません。核家族化から単身世帯の増加へとライフスタイルが変化する中で、私たちは、支え合うパートナーを人から命あるものへと定義を変え、大切なモノと命に囲まれたその住まいを純粋な心に立ち戻る場所とし、日々の朝陽を健やかに迎えたいものです。

主な活動実績：平成27〜29年度（直近3年間）
◆発達障害
「発達障害住環境サポーター養成講座」事業。
講演・研修依頼（関西学生発達障害支援フォーラム、一人にしない社会をつくる会、高等学校教職員保健部研修会、中学校PTA連絡協議会、中学校記念式典、引きこもり支援団体、発達障害当事者会及び家族会、等）、日本臨床心理学会第51回大会分科会パネリスト、第17回日本外来精神医療学会市民公開講座パネリスト。
受託（京都大学健康科学センター ハッピーオフィスProject〜職場の環境整備〜）。
◆高齢者
「高齢者の整理収納サポーター養成講座」事業。
講演・研修依頼（京安心すまいセンター、地域包括支援センター、市民団体、等）
受託（京都府シルバー人材センター連合会・派遣前講習）
助成（京都市中京区まちづくり支援事業）。
◆事業連携（事務局運営協力・委員派遣）
京都女子大学発達教育学部社会教育基礎実習／関西学生発達障害支援フォーラム／一人にしない社会をつくる会大相談会／京都市東山いきいき市民活動センター公共空間Reモデルプロジェクト／京エコロジーセンター事業運営委員会／京都市ごみ減量推進会議2R文化発信事業／特定非営利活動法人KES環境機構KES倶楽部世話人会／京都市北青少年活動センター北コミまつり。

【連絡先】東山オフィス
特定非営利活動法人暮らしデザイン研究所
〒605-0018　京都府京都市東山区巽町442-9　京都市東山いきいき市民活動センター2F
TEL/FAX：075-551-9396　URL：https://kurashi-design.org/

組版：小國　文男
装幀：加門　啓子

【発達障害住環境サポーター養成講座〈基礎研修〉公式テキスト】
発達障害と環境デザイン──わくわくな未来をつくる

2017年11月5日　　第1刷発行

編　　者　特定非営利活動法人暮らしデザイン研究所Ⓡ
発行者　竹村正治
発行所　株式会社 かもがわ出版
　　　　〒602-8119　京都市上京区堀川通出水西入ル
　　　　TEL 075(432)2868　FAX 075(432)2869
　　　　振替 01010-5-12436
　　　　ホームページ http://www.kamogawa.co.jp
印刷所　シナノ書籍印刷株式会社

ISBN978-4-7803-0936-2 C0036　　　　　　　　　　　Ⓒ2017